「しりとり絵本」のミニ本

会主催の本の展示の際、同時開催のワークショップで使用(p.72参照)　☆コピーしてご自由にお使いください

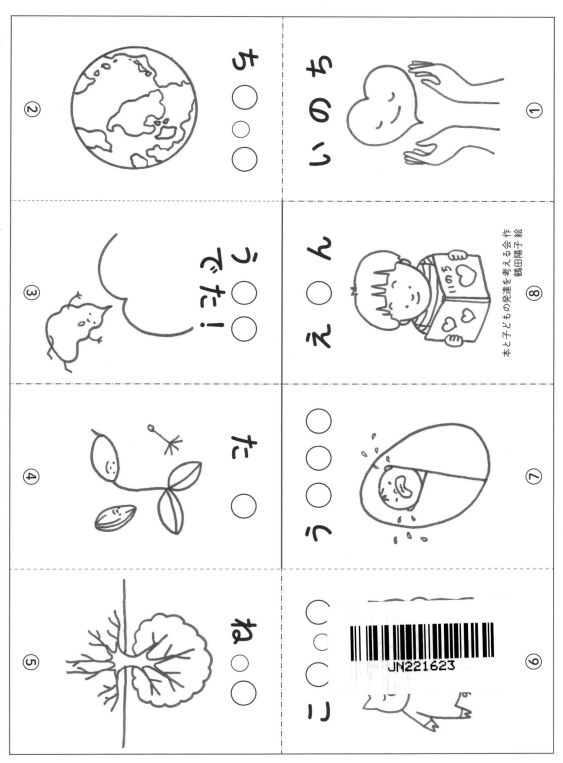

------- 山折り　-------- 谷折り　——— キリトリ線

読み聞かせで発達支援
絵本でひらく心とことば

かもがわ出版

この本を手にしてくださっている
皆さんへ

はじめまして。この本は、子どもの本と子どもたちをこよなく愛する仲間でつくりました。

長野県に初めてのこども病院がオープンしたのをきっかけに、1997年にそれぞれの場所で活動しているおはなしのグループが集まり、週替わりで入院している子どもたちへの病棟でのおはなしの会を始めることになりました。病気とはいえ、子どもたちは一日中病棟内で生活しなくてはなりません。接する大人は付き添いの家族と医療や看護のプロばかり。ごくふつうの大人と会話する機会はほとんどありません。わたしたちボランティアは、子どもたちにとって痛いことつらいことは一切しない、本を通してただ楽しいことをする存在になろうと決めました。それは現在に至るまでのわたしたちの基本姿勢となっています。

20年以上たったいまでは、おはなしの会はすっかり定着し、子どもたちは毎週金曜日を楽しみにしてくれるようになりました。大声で泣いていた子どもさんが、絵本を読んだ後にニッコリ笑顔を返してくれると、まわりの空気も一変。親御さんや看護師さんも、本当に素敵な笑顔になり、読み終わったわたしたちもニコニコ顔。こんなによいお薬はありません。

2010年には、それまでの体験をもとに、さらに広く学びの場を持とうと考え、「本と子どもの発達を考える会」を設立。病院での活動に加え、特別支援学級、児童発達支援事業所、児童心理治療施設併設の小・中学校分校などでの継続的な読み聞かせ活動などを、チームを組んでおこなってきました。それらをすべて記録に残したものが、この本のベースとなっています。わたしたちが、子どもたちの心に届くためにはどうしたらいいだろうと検討し、工夫した絵本の読み方がこの中にはいっぱいつまっています。

わたしたちは、確信しています。絵本には子どもの発達を助ける力があります。そして、そんな絵本を子どもに届ける人が必要です。本書が一人でも多くの大人にとって、絵本を通して子どもと楽しい時間を過ごすためのヒントになりますように！

(越高令子)

本と子どもの発達を考える会
こんな活動をしています！

〈 絵本の読み聞かせなどによる支援活動 〉

長野県立こども病院での読み聞かせ

支援の必要な子どもたちへの読み聞かせ
・児童発達支援事業所（重症心身障害児母子通園施設）
・特別支援学校、学級
・児童心理治療施設、同施設併設の小・中学校分校

子育て支援のための読み聞かせ（子育て支援センター など）

〈 病気や障害への理解をひろげるための活動 〉

本の展示貸出事業
支援の必要な
子どもたちのための本展

学校巡回展　いのちの本展
合わせて 希望のある学校にて
いのちの授業
～ いのちの絵本ブックトーク ～

松本市への寄託による
支援の必要な子どもたちのための
本の展示と貸出

講座・講演会の受託
・図書館講座
・松本市主催の講座
・特別支援教育セミナー など

専門家を招いての
公開講座

そのほか、これまでの活動から

・長野県立こども病院祭への参加
・東日本大震災 避難者支援
・出版社、活動者との交流研修会
・各種イベントへの参加　など

読み聞かせで発達支援

絵本でひらく心とことば　もくじ

この本を手にしてくださっている皆さんへ　2

会の概要　3

乳幼児期 ··· 7

まず《愛着》を育てる

ふれあい　8／だいすき　9

絵本であそぶ

赤ちゃんのことば・リズム　10／やりとりあそび　12

〈乳幼児の絵本とあそび〉の本棚　14

コラム　赤ちゃんと絵本　こども病院の赤ちゃん　15

コラム　わらべうたあそびと絵本で楽しく子育て　16

〈わらべうた〉の本棚　17

生きる力を育てるために　絵本から物語の世界へ〜本を読むということ　18

ことばを育てる ───────────── 19

ことばの基本　あいうえお　20

いろ・色　認識の絵本　22

かず・数　認識の絵本　24

かたち・形　認識の絵本　26

ことばで表現する　"声に出して読む"ことばの絵本　28

ことば・語彙を増やす　声に出して詩を読む　30

コラム　詩であそぶ　32

コラム　声を出すということ　"呼吸と声"
特別支援学校高等部ほかで　33

〈ことばあそび〉の本棚　34

集中力・聞く力を育てる
物語への興味をうながす・長めのおはなしに挑戦！　35

コラム　支援の必要な子どもたちと図書館で本を読む
特別支援学校中等部　図書館遠足　38

コミュニケーションが苦手な子に　39

はじめまして　あいさつ　40

表情・気持ち　41

からだで表現する　42

自分で選ぶ　43

あてっこ　44

コラム　自分で選ぶ・自分で決めるって大事
保育園・幼稚園の子どもたち　46

〈コミュニケーション〉の本棚　47

コラム　絵本で仲良くなる　はじめて出会ったひとたちと　48

視覚支援　49

見やすい・わかりやすい　50

コラム　あらたな気付き　52

〈しかけ絵本〉の本棚　53

コラム　五感を使って
多方面からの感覚支援　児童発達支援事業所での活動　54

体験・活動・あそびにつなげる　55

食べる　56

コラム　調理すること・食べること　58

〈おいしい〉の本棚　59

のりもの・乗り物　知識・かがくの絵本　60

〈のりもの〉の本棚　61

自然・植物　知識・かがくの絵本　62

〈自然・植物〉の本棚　63

むし・昆虫　知識・かがくの絵本　64

どうぶつ・動物　知識・かがくの絵本　66

〈どうぶつ〉の本棚　67

〈身のまわり〉の本棚　68

コラム　写真絵本（ノンフィクション絵本）を読む
児童心理治療施設併設の小・中学校分校で　70

読み聞かせで発達支援

絵本でひらく 心とことば もくじ

いのちの絵本　71

支援の必要な子どもたちのための本展　72

学校巡回展 いのちの本展 〜みんないっしょに生きている〜　73

いのちの授業 〜いのちの本展 ブックトーク〜　74

いのちの絵本　76

〈いのち〉の本棚　78

〈点字つき さわる絵本〉の本棚　80

さまざまな読書支援　81

コラム いのちの絵本から 小・中学校「いのちの授業より」　82

コラム 「しあわせならてをたたこう」
特別支援学校　重度・重複・病虚弱 障害児学級ほかで　83

本と子どもの発達を考える会 執筆メンバー自己紹介　84

わたしたちの活動をサポートしてくれるすてきな仲間たち　86

会のあゆみ　88

当会の公開講座にお招きした講師の皆さん　90

語彙説明　92

参考文献　93

あとがき　94

乳幼児期

- まず《愛着》を育てる
- 絵本であそぶ

〈表記の説明〉

① 絵本のタイプ・型

- 1型　　　　場面が1つのパターンでくり返されるタイプの絵本
- 1-2型　　　場面が1、2のくり返しで展開されるタイプの絵本
- 参加型　　　読めば自然に聞き手の参加をうながすタイプの絵本
- 参加可　　　読み方によっては参加型展開が可能な絵本
- あてっこ型　あてっこ参加型絵本
- 見開き1画面　見開き1画面の絵本は見てわかりやすい
- 見開き2画面　見開き2画面の絵本は場合によっては視点が定まるよう、指差しながらうまく誘導するとよい
- 歌付き　　　譜面が掲載されている歌付きの絵本

※物語絵本・しかけ絵本・かがく絵本など、絵本の種類も一部表記

② 使用のねらい・おすすめの使用場面

☆マーク＝大型絵本あり

まず《愛着》を育てる　　ふれあい

赤ちゃんが生まれてから乳幼児期にかけては、まなざし、語りかけ、ふれあいが大切
親子や身近な大人との信頼関係・愛着が育まれることで自尊感情が芽生え、
心の安定の基盤となります。絵本でふれあい・スキンシップを！

おひざでスキンシップ

『だっこのおにぎり』
長野ヒデ子 作　つちだのぶこ 絵
佼成出版社

子どもをおにぎりに見立て、くすぐったり、さわったり、ぎゅっと抱きしめたり、ふれあいながら、思いっきり遊べます。

① 参加可、うたあそびえほん
② ・ふれあいあそびとして
　・乳幼児向けのおはなし会に
　・〈食べもの〉テーマのおはなし会に

おすすめの読み方

(1)「……だっこのおにぎりしてちょうだい」歌いながら読みはじめ、「だっこの おにぎり……つくりましょ」で、子どもを膝にのせる。
(2) 子どもを「おにぎり」に見立て、まずは、「ごはんをくちゅくちゅ よくまぜて」で、子どもをくすぐる。
(3)「おしお」をほっぺに「ぺた ぺた」つけたら、おにぎりをにぎる。「おにぎり ぎゅっ ぎゅっ」で、子どもを「ぎゅっ！」と抱きしめる。
(4)「うめぼし」はおへそ、「たらこ」はくちびるに、具を入れて、頭に「ごま」をふりかけて、「のり」をまいたらできあがり。できあがったら、子どものおなかを「パクッ！」と食べるまねをして遊ぶ。

ポイント

★ 巻末の譜面を参考に、自由に歌って遊びましょう。
★ 乳幼児向けのおはなし会などで読む場合は、読み手が読むのに合わせて、親子で遊んでもらいましょう。子どもたちが声をあげてよろこびます。

くっつくって うれしいね

『くっついた』
三浦太郎　こぐま社

「きんぎょさんと きんぎょさんが くっついた」あひるさんも、ぞうさんも……ページをめくるたびにみんなくっついた！ さいごは、あかちゃんのほっぺに、おかあさんとおとうさんもくっついた！くっつくって、しあわせ。

だいすき

愛着を育むには、愛情をことばやからだで伝えるのも大事なこと
〈だいすき〉が伝わる絵本がたくさんあります

ぎゅうって うれしい

『ぎゅう ぎゅう ぎゅう』
おーなり由子 ぶん　はたこうしろう え
講談社

あかちゃんのちいさなおてて、おかあさんの手で「ぎゅう」。おなかも「ぎゅう」しあわせな「ぎゅう」がつづきます。

① 赤ちゃん絵本、1-2型、参加可、見開き1画面
② ・ふれあいあそびとして
　・だいすきのメッセージ
　・乳幼児向けのおはなし会に

おすすめの読み方

⑴「おててを」「ぎゅう」で、子どもの手を「ぎゅう」っとにぎる。
⑵「おなかを」「ぎゅう」で、子どもを「ぎゅう」っと抱きしめる。
⑶「おふとん」も、「くまさん」も、「ぎゅう」が出てくるたびに、子どもを「ぎゅう」っと抱きしめる。
⑷ 最後のページは、「おかあさんも」「おとうさんも」「みんなで ぎゅう ぎゅう……」。「おかあさん」「おとうさん」はもちろん、おばあちゃん、おじいちゃん、きょうだいやお友だちと「ぎゅう」してみるのもおすすめ。

ポイント

★ 乳幼児向けのおはなし会などで読む場合は、読み手が読むのに合わせて、親子の「ぎゅう」をうながしましょう。何度も「ぎゅう」されて、子どもは大満足。笑顔があふれます。

ちゅっ ちゅっ しよう

『ちゅっ ちゅっ』
えとぶん　MAYA MAXX
福音館書店

ぱんだちゃんも、ねこちゃんも、わんちゃんも…… みんな、ままと「ちゅっ ちゅっ」。ぞうくんはおはなで「ちゅっ ちゅっ」。「ぼく と まま」も、「ちゅっ ちゅっ ちゅうー」。「ちゅっ」がいっぱい。「ちゅう」ってうれしいね。

絵本であそぶ

赤ちゃんの
ことば・
リズム

乳幼児期は子どもがことばを獲得していく大切な時期。大人の語りかけに子どもが反応し、さらに大人がこたえることで、やりとりが生まれ、ことばが育っていきます ことばのリズムや響きが楽しい絵本でたくさん遊びましょう！

リズミカルな擬音

『じゃあじゃあ びりびり』
まついのりこ　偕成社

「みず じゃあ じゃあ……」「かみ びり び り……」見開きに1つずつ色鮮やかな絵とことば。すきな音を見つけてね。

① 赤ちゃん絵本、1型、参加可、見開き1画面
② ・赤ちゃんの最初の絵本として
　・乳幼児向けのおはなし会に

おすすめの読み方

(1)「じどうしゃ ぶーぶー……」「みず じゃあ じゃあ じゃあ」「かみ びり び り……」。擬音のリズムを意識しながら読む。
(2) 何度もくり返して読むのがおすすめ。

ポイント

★ くり返し読んでいると、ことばが出はじめた赤ちゃんが、自然といっしょに声を発することもあります。
★ 乳幼児向けのおはなし会などで読む場合は、擬音の部分を大人に復唱してもらうのもよいでしょう。擬音の響きの心地よさを体感できます。

赤ちゃんの最初のことば

① 1型、参加可、見開き1画面
② ・赤ちゃんの最初の絵本として
　・乳幼児向けのおはなし会に
　・大人が赤ちゃんのことばを体感

『あ・あ』　『あー・あー』
三浦太郎　童心社

表紙には、にっこり笑う赤ちゃんのおかお。「あ・あ」「も・も」「と・と」「く・く」……。「あー・あー」「めー・めー」「もー・もー」……。「て・て」は手、「こ・こ」はにわとり。「ざー・ざー」は雨、「ぶー・ぶー」は自動車。シンプルな絵と〈文字〉が見開きにひとつずつ登場し、赤ちゃんの最初の〈ことば〉と身近な世界が表現されています。

『あ・あ』は、「ぱ・ぱ」「ま・ま」でおしまい。では、『あー・あー』の最後は……。そう、「じー・じー」「ばー・ばー」です。
読んであげる大人も、唇や舌の動きを意識しながら声に出してしてみてください。赤ちゃんの最初のことば〈喃語（なん語）〉の発声を体感できると思います。

音・ことばの絵本の定番

『もこ もこもこ』
たにかわしゅんたろう さく
もとながさだまさ え
文研出版 ☆

「もこ」っと地面が盛り上がり「もこもこ」「にょき」……音と絵だけのふしぎな世界。小さな子もじっと見入ります。「もこ」でおしまい。あれ？ はじめにもどったみたい。

いっしょに声を出したくなる

『ごぶごぶ ごぼごぼ』
駒形克己 さく
福音館書店

「ぷーん」「ぷく ぷく ぷくん」「ど どどぉーん」……。心地よい響きのことばと、シンプルで鮮やかな色が織りなす穴あき絵本。赤ちゃんも自然と声を発します。

赤ちゃん向けのものがたり

『くっく くっく』
長谷川摂子 文
小川忠博 写真　矢口峰子 製靴
福音館書店

「ほら でてきたよ」「くっくくっく そっとしっと」……赤と青のフェルト製の赤ちゃんぐつたちが表情豊かにおどったり、うたったり。擬音とリズムが楽しい写真絵本。

水の音・感覚が楽しめる

『みず ちゃぽん』
新井洋行　童心社

「みず」「ぴちゃ」「つぎつぎに」「ぽと ぽたぽしゃ」「いきおいよく」「どっぼーん」……蛇口から出る水、たまった水。水に触れたときに味わう感覚を口ずさみたくなる音で表現。

この絵本も おすすめ！

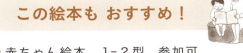

① 赤ちゃん絵本、1-2型、参加可、見開き1画面
② ・ことばあそび、やりとりあそび
　・乳幼児向けのおはなし会に
　・聞き手とのコミュニケーションに

『おでかけ ばいばい』
はせがわせつこ ぶん
やぎゅうげんいちろう え　福音館書店

「おでかけ おでかけ ピタコン ピタコン」「いってらっしゃーい ばいばーい」。動物の子どもたちが、おかあさんのリュックに入っておでかけ。ねこさんは「ねっこ たっこ」、かえるさんは「ペッチョ パッチョ」。ことばの響きがおもしろく、「トーン トン」のくり返しのリズムは、まるでわらべうたのよう。
リズムにあわせて、お膝をたたきながら読んでみせると、おすわりができるようになった赤ちゃんも、小さなおててで自分のお膝をたたいてリズムをとる姿があります。
「いってらっしゃーい ばいばーい」のやりとりあそびのくり返しも楽しい！「ばいばーい」で、うれしそうにいっしょに手をふる赤ちゃんの笑顔が見られます。

やりとりあそび

小さな子どもと心を通わせるには、読めば自然にやりとりが生まれる絵本がおすすめ。コミュニケーションにつながる絵本がたくさんあります

あそべる絵本の定番

『きんぎょが にげた』
五味太郎 作　福音館書店 ☆

「きんぎょがにげた」「どこににげた」カーテン、花の中など、あちこちにかくれた「きんぎょ」をさがしましょう。

① 参加型、見開き1画面
② ・やりとりあそび
　・乳幼児向けのおはなし会に
　・聞き手とのコミュニケーションに

おすすめの読み方

(1)「きんぎょが にげた。」と読んで、ページをめくる。「どこに にげた。」は疑問形で読みながら、聞き手に 絵本を差し出し、「きんぎょ」を指差してもらう。
(2)「こんどは どこ。」 以降も同様に。
(3)「きんぎょ」が三面鏡にかくれた場面は、特に、聞き手にゆっくりと見せる。どれを指差すか迷ってしまう子もあたたかく受けとめましょう。
(4) 最後のページは、「いた いた。」「もう にげないよ。」本物の「きんぎょ」がわかっても、わからなくても、たくさんの「きんぎょ」に大よろこびの子どもたち。全部の「きんぎょ」を指差したい子、自分のすきな「きんぎょ」をじっくり選んで指差す子、子どもがやりたいように自由に遊ぶのがおすすめです。

ポイント

★ おはなし会などで読むと、「きんぎょ」を指差したい子が絵本に向かってかけてきたり、数人が絵本に群がってしまう場合があるので注意しましょう。可能な場合は、「みんなのところに絵本を持っていくから、すわって待っていてね」と声をかけ、読み手が聞き手一人ひとりをまわって、一人ずつ指差してもらうのもよいでしょう。大型絵本もおすすめです。

★ 幼児期になると、指差すだけでなく、「きんぎょ」のかくれた場所を「おはな」「いちご」「テレビのなか」などと、ことばでこたえたり、最後のページの「きんぎょ」の数を数えたり、年齢・発達に応じて長く楽しめるのもこの絵本の魅力です。

長年愛される
赤ちゃん絵本

『いない いない ばあ』
松谷みよ子
瀬川康男 え　童心社

「いない いない ばあ」「にゃあにゃが ほらほら いない いない」……「ばあ」。ページをめくると、おててでかくした動物のおかおが、「ばあ」。「いない いない……」と語りかけ、「ばあ」でいっしょに笑う。単純で、わかりやすい"くり返し"こそ、赤ちゃんが最もよろこぶあそびです。やりとりを何度もくり返すことで、親子の信頼も深まっていきます。

大人気のあそぶ絵本
「だるまさん」シリーズ

『だるまさんと』
かがくいひろし さく
ブロンズ新社 ☆

「いちごさんと」左右に動くいちごさんは、だるまさんと「ぺこっ」。めろんさんとは「ぎゅっ」。最後は「だるまさんと」……「ぴーす」。親子や集団のふれあいあそびに。

「ぴょーん」で
ジャンプ！

『ぴょーん』
まつおかたつひで
ポプラ社 ☆

ページをめくるたびに、いろんないきものが「ぴょーん」！ くり返しがとっても楽しい。「ぴょーん」に合わせてとんだり、はねたり。赤ちゃんは、たかいたかいで「ぴょーん」！

この絵本も おすすめ！

① 1-2型、参加可、見開き1画面
② ・やりとりあそび、からだあそび
　・乳幼児向けのおはなし会に
　・聞き手とのコミュニケーションに

『あっぷっぷ』　『こちょばこ こちょばこ』
中川ひろたか 文　村上康成 絵
ひかりのくに

だるまさんが登場し、「だるまさん だるまさん にらめっこしましょ わらうと まけよ」「あっぷっぷ」でページをめくると、「ぷははは わらっちゃったあ」と、思いっきり笑った顔のだるまさん。おなじみのわらべうたですが、「おさるさん」「ぶたさん」「おかあさん」も「あっぷっぷ」。シンプルで迫力のある絵、おもしろい顔がつぎつぎに出てきて、子どもはもちろん、大人も思わず笑っちゃいます。親子でも、園やおはなし会でも、楽しく遊べます。シリーズにもあそびがいっぱい！

『あれ あれ だあれ？』　『はくしゅ ぱちぱち』

〈乳幼児の絵本とあそび〉の本棚

『ねぇ だっこ』
いちかわけいこ 作／つるたようこ 画／佼成出版社

弟が生まれておねえちゃんになっても、おかあさんのだっこは恋しい。だっこは心の安定剤。兄弟関係で悩む方におすすめです。

『ぞうさん』
まど・みちお 詩／にしまきかやこ 絵／こぐま社

おなじみの「ぞうさん」のうた絵本。愛されている安心感が簡潔なことばと、あたたかな絵から伝わってきます。

『ちびゴリラのちびちび』
ルース・ボーンスタイン さく／いわたみみ やく／ほるぷ出版 ☆

森のみんなに愛されながら成長するちびちびの姿と、くり返される「だいすき」ということばに、読み手も聞き手も愛情に包まれます。

子どもは絵本がすきです。それは、だいすきなひとが読んでくれるから。絵本を読んであげることは、美しいことばと生の声で愛情をそそいであげることです。

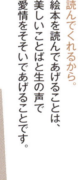

『どんなにきみがすきだかあててごらん』
サム・マクブラットニィ ぶん／アニタ・ジェラーム え／小川仁央 やく／評論社

おたがいにどんなに好きかをくらべあうチビウサギとデカウサギ。親子でだいすきのくらべっこをするのもいいですね。

紙芝居

『みんなで ぽん！』
脚本・絵 まついのりこ／童心社 ☆

「みんなで ぽん！」で手をたたくと、まる・しかく・さんかくから、だれかがとびだすよ。赤ちゃんから楽しめる参加型紙芝居。

赤ちゃんから幼児のための絵本は、読んであげるだけで自然とコミュニケーションにつながります。絵本でたくさん語りかけ、親子でやりとりしながら遊びましょう。

『ころ ころ ころ』
元永定正 さく／福音館書店 ☆

いろだまがころがって「かいだんみち」「やまみち」も「ころ ころ」。テンポのよい文と鮮やかな色も魅力。ことばや動きをまねしたくなります。

『いちにのさんぽ』『あめぽったん』
ひろかわさえこ／アリス館

「いちに いちに いちにのさんぽ」、「あめあめ ぽったん あめ ぽったん」わらべうたのようにくり返されることばは幼い子にぴったりのリズム。

赤ちゃんと絵本
こども病院の赤ちゃん

　ある日のこども病院の病棟でのお話です。なぜか今日は赤ちゃんがいっぱい。みんなかわいい！　はりきってまず最初に読んだのは、『おでかけ ばいばい』(p.11 参照)。「おでかけ おでかけ ピタコン ピタコン」。うーん。さすがに、言葉の達人の長谷川さんの擬音。こんな言葉聞いたことがないのに、なぜか耳に心地よい響き。赤ちゃんとママは、明るくユニークな柳生さんの絵に釘づけ。「いってらっしゃーい」と呼びかけると、ママが赤ちゃんの手を持って「ばいばーい」とこたえてくれます。いい雰囲気になったところで、次に読むのは『いない いない ばあ』にしようかな、わらべうたの絵本にしようかなと考えます。絵本を間に挟むと、わたしも照れずにいないいないばあとあやしたり、わらべうたも歌えますし、ちょっと人見知りな赤ちゃんも、絵本に集中してくれます。みなさんもぜひお試しください。

　あるとき、個室でポツンと一人あそびをしていた赤ちゃんがいました。首をぐっと持ち上げてそることができるようになり、おーおーとごきげんでした。「こんにちは。絵本を読みに来ましたよ」と話しかけ、わたしが選んだ絵本は、『おおきい ちいさい』。前衛美術作家 元永定正さんの絵本ですが、代表作『もこ もこもこ』(p.11 参照)をはじめ、なぜか子どもたちは、理屈抜きでこの作家の本が大好き。「お、お、き、い」「ちい さい」と文字で書いてあるとおりに読んだり、絵に合わせて、大きい声や小さい声で読んだり、わたしもライブ感覚で楽しく読んでいると、どうしたことでしょう！　途中から、赤ちゃんが声をあげて笑い出したのです。その声は病棟の外まで聞こえるほど。なにが起こったのかと、看護師さんや保育士さんが交代で見に来ました。赤ちゃんもわたしも自慢顔。人間の声には魔力があると言った学者がいましたが、本当かもしれません。

　赤ちゃんと向き合い気持ちを通わせ、あたたかい時間を分かち合うことこそ、赤ちゃんと絵本を読むときに、もっとも大切にしたい姿勢だと心から思います。

(越高令子)

『おおきい ちいさい』
元永定正 さく
福音館書店

わらべうたあそびと絵本で
楽しく子育て

最近「乳幼児期にお母さんに甘えられなかったのかな?」と思われるお子さんが増えているように感じます。というのは、私は児童館で働き、小学生の子どもたちと過ごしているのですが、ここ数年、大人と1対1で遊びたがったり、抱っこを求めたり……という姿を多く目するようになってきたからです。

大人は、子どもと向き合うとき、一般的には実年齢をみて、「小学1年生だからこのくらいのことはわかるはずだ、できるはずだ」と考えてしまいがちです。しかし、子どもの心の育ちに注目してみると、「身体の発育や知能の発達は7歳児でも、心はまだ2〜3歳児かもしれない」ということもあり得ます。

心が育つには、親子のふれあいが必要です。何歳からでもやり直すことはできますが、やはり赤ちゃんの時期を大切にしてほしいです。

大人が赤ちゃんにしてあげるわらべうたあそびには、見つめる・語りかける・触れる・歌う・ほほえむ・くすぐる・抱きしめるなど子どもが健やかに育つために必要な働きかけが、短いフレーズの中にぎゅっと詰まっています。

「どうやって赤ちゃんをあやしたらよいのかわからない」という若いお母さんも、わらべうたを覚えるとあやし上手になっていきます。くり返し遊ぶことで、お母さんと赤ちゃんの絆が強くなります。赤ちゃんは、お母さんがいつもにこにこ話しかけて、歌って、抱きしめてくれるので気持ちが安定し、「自分はかわいがられている、大切にされている」と感じ、次第に自尊感情が育っていきます。お母さんも赤ちゃんがますますかわいくなり、子育てがより楽しくなることでしょう。

また、赤ちゃん絵本は、ことばのかけ方がわからなくて黙ってしまいがちなお母さんを助けてくれます。絵を見て「りんご、おいしそうだね」などと、ことばにしたり、「食べちゃおうか」「もぐもぐもぐ」と食べるまねをしたりして遊ぶこともできるので、親子のコミュニケーションツールとしても子育ての強い味方になります。

乳幼児期にお母さんにたっぷり甘え、お母さんが安全基地になっているお子さんは、安心してお友だちと遊んだり、勉強したり、生活を楽しむことができるようになると思います。

子育て中のお母さん、まずは、お子さんをいっぱい抱っこしてあげてくださいね。

(伊藤深雪)

〈わらべうた〉の本棚

『みんなで あそぶ わらべうた』
近藤信子 編・遊び方指導／梶山俊夫 絵／福音館書店

「ずくぼんじょ」「いもむし ごーろごろ」「うまは としとし」「さよなら あんころもち」など、全11篇収録。郷愁を誘う絵も魅力的。

『あぶくたった』
さいとうしのぶ 構成・絵／ひさかたチャイルド ☆

「にえたか どうだか たべてみよ」おなじみのわらべうたをくり返し歌いながら「むしゃむしゃむしゃ」で、子どもをくすぐって遊びましょう。

『わらべうたで あそびましょ！』
さいとうしのぶ 編・絵／のら書店

たあちゃんが鏡の前で遊んでいると、ともだちがつぎつぎやってきて……。「あがりめさがりめ」「いっぽんばし」など、全7篇収録。

わらべうたえほん シリーズ 全5巻

『ととけっこう よがあけた』
『まて まて まて』
『ちびすけ どっこい』
『せんべ せんべ やけた』
『どんどんばし わたれ』
こばやしえみこ 案／ましませつこ 絵／こぐま社

ちいさな子は、わたべうたが大すき！でも、大人がうたを知らなかったり、遊び方がわからなかったり……。そんなときこそ、わらべうた絵本や紙芝居、譜面と遊び方も紹介されています。くり返し読み、うたっているうちに、自然とうたを覚えます。

紙芝居

『おすわりやす いすどっせ！』
脚本・絵 長野ヒデ子／童心社

子どもを膝にのせて、「どすん」で足の間に落として遊びましょう。同じく、長野ヒデ子 脚本の紙芝居『ころころ じゃっぽーん』もおすすめ。

わらべうたでひろがる あかちゃん絵本 全3巻

『ねーずみ ねーずみ どーこ いきゃ？』
『へっこ ぷっと たれた』
『おせんべ やけたかな』
こがようこ 構成・文／降矢なな 絵／童心社

どれもなつかしい響きのわらべうた。リズミカルなことばで語りかけ、身体を動かしたり、ふれあったり、やりとりを楽しみましょう。

生きる力を育てるために
絵本から物語の世界へ〜本を読むということ

「支援の必要な子ども」という言葉を耳にしたとき、障害や病気の子をイメージする方が多いのではないでしょうか？ わたしたちは、本を読めるようになるためには、すべての子に大人の支援が必要だと考えています。

『ありがとう、フォルカーせんせい』という本は、わたしたちのその考え方を大変わかりやすく伝えてくれます。主人公のトリシャは、本は大好きなのに、いつまでたっても、字が読めるようになりません。字も数字もくねくねした形にしか見えず、学校嫌いになってしまいます。そんなとき、新しくやってきたフォルカー先生は「君は必ず読めるようになる。約束するよ」と励まし、放課後の特訓の末、独力で本が読めるように手助けしてくれます。「信じられない。魔法みたい！ 頭の中に光がぱあっと差し込んだ！ 言葉も文も、今

『ありがとう、フォルカーせんせい』
パトリシア・ポラッコ 作・絵
香咲弥須子 訳　岩崎書店

までと全然違ってみえた。何が書いてあるか、意味も全部わかる！」と喜びを爆発させる主人公。トリシャはLDという発達障害で学習面で特異なつまづきや習得の困難さをもっている子どもです。しかし、現代の子どもたちは多かれ少なかれ、この主人公と同じように本を読むことに困難を感じている子が多いと思います。「子どもにとって想像力を広げるためには、自分はできるという自信、自分は守られているという安心感が不可欠なのではないでしょうか」と、この本の訳者があとがきで書いています。

『クシュラの奇跡
140冊の絵本との日々』
ドロシー・バトラー 著
百々佑利子 訳　のら書店

もう一冊、『クシュラの奇跡——140冊の絵本との日々』も、ぜひお読みいただきたい本です。視覚と聴覚に重い障害をもって生まれた女の子が、周囲の大人たちの毎日の読み聞かせで、本の世界を心から楽しめる子どもへと成長していきます。最後に著者はこう述べています。「クシュラの読んだ本が、クシュラの人生の質をどれほど高めたか（中略）クシュラの読んだ本が、クシュラに大勢の友だちをあたえたことこそ、何よりも重要である」。この本に出会い、病気や障害の子どもさんと接しているいま、わたしたちは、すすんで、子どもと本の仲立ちをする大人になりたいと思っています。

（越高令子）

ことばを育てる

- ことばの基本　あいうえお
- いろ・色
- かず・数
- かたち・形
- ことばで表現する
- ことば・語彙を増やす
- 集中力・聞く力を育てる

ことばの基本 あいうえお

日本のことばの基本は〈あいうえお（ひらがな）〉
〈あいうえお（ひらがな）〉への 興味をうながすための絵本

たのしい！おいしい！

『あっちゃん あがつく』
みねよう げんあん
さいとうしのぶ さく　リーブル

「あっちゃん あがつく あいすくりーむ」。歌ってあそべる「たべものあいうえお」。あなたの名前のたべものなーに？

① 1型、あてっこ型、見開き1画面、歌付き
② ・ひらがな（五十音）への興味をうながす
　・支援学級、支援学校での〈ひらがな〉学習の際に
　・〈ことば〉テーマのおはなし会に
　・はじめての子どもたちとのコミュニケーションに

おすすめの読み方

(1) ページをめくりながら、まずは「あ」〜「お」を歌う（または、読む）。「あっちゃん あがつく あいすくりーむ」「あいすくりーむ」。のように、読み手が歌い（または、読んで）、続けて聞き手に食べもののところを復唱してもらうと楽しい。

(2) つぎに読み手の名前であてっこ。画面をかくしたまま、「わたしの名前は しのぶ。だから、しっちゃんです。では、しっちゃん しがつく たべもの なーんだ？」と問いかけ、名前の食べものをあてっこ。やりとりしたあと、絵本を見せ、読み手が「しっちゃん しがつく しゅーくりーむ」と歌い（または、読み）、聞き手が「しゅーくりーむ」と復唱。

(3) 今度は、聞き手の中のひとりの名前を聞き、(2)のように名前の最初の「かな」のつく食べものをあてっこしながら歌う（または、読む）。

(4) 以降、同様にくりかえす。少人数の場合は全員、多数の場合は数名。

ポイント

★ 巻末に譜面が載っています。みんなの名前の食べものを全員で歌うと、歌ってもらった人は自然と笑顔になります。もちろん、歌わずに読んでもOK。

★ 読み手以外にも先生や職員、家族など大人の名前での食べもののあてっこも聞き手の興味を引きます。

★ 濁音、半濁音も含めた69音が登場するので、外国籍のお子さんがいても大丈夫。ほとんどすべての子の名前に対応できるのも、この絵本の魅力です。

かるたもおすすめ！

『たべものかるた
あっちゃん あがつく』
みねよう げんあん
さいとうしのぶ さく　リーブル

〈ひらがな〉への興味をうながすには、かるたあそびがおすすめ。絵本と合わせてみんなで遊べば、楽しさ倍増！ 遊んでいるうちに自然と〈あいうえお〉を覚えていきます。〈あいうえお〉の食べものあつめや、ことばあつめ、かるたづくりなどのあそびに発展させるのもおすすめです。

〈あいうえお〉の基本！読み方・書き方

『あいうえおえほん』
とだこうしろう
戸田デザイン研究室

大きく書かれた〈ひらがな〉と、書き順を、わかりやすい文字とシンプルな絵で表示しています。〈ひらがな〉の読み方、書き方を覚えるための最初の一冊に。

〈あいうえお〉を覚えたら 挑戦！

『あいうえたいそう』
木坂涼 文
スギヤマカナヨ 絵　偕成社
（品切れ重版未定）

「あいうえたいそう」はじめるよ！「あいうえあいうえ あいうえお」「いうえお いうえお いうえおあ」……はじめはゆっくり、だんだん早くお口の体操。あてっこ絵辞典付き！

この絵本も おすすめ！

① 1型、参加型、見開き1画面
② ・ひらがな（五十音）へ興味をうながす
　・支援学級、支援学校での〈ひらがな〉学習の際に
　・〈ことば〉テーマのおはなし会に
　・おはなし会の気分転換、コミュニケーションに

『まめうしくんと あいうえお』
あきやまただし 作・絵　PHP研究所

「さあ、まめうしくんと いっしょに「あいうえお」をいってみよう！」「まめうしくんが「あいうえお」じゃあ みんなも いっしょに、おおきな こえで。」「あ い う え お」。「かきくけこ」は（ぜんぶ おこったこえで）、「さしすせそ」は（ちいさなこえで）……。みんなで声に出しながら"五十音"を楽しく学べる絵本です。ある小学校の支援学級の〈ことば〉テーマのおはなし会で読んだときには、ふだん表情がとぼしい子も驚くほど豊かに声を出して参加する姿に、担任の先生もびっくりされていました。表現力アップも期待できます。
ただし、盛り上がりすぎることもあるので、使用場面は要注意。場面に応じて、読み方、声のトーンを工夫してみてください。

いろ・色 認識の絵本

〈いろ〉への興味をうながし、〈色〉を楽しく学べる絵本
いろんな色を覚えたら、いろあそびも楽しみましょう！

たのしい 色のとびら

『しかけえほん
びっくりいろあそび』
大日本絵画

色のとびらをひらくたびに、飛び出してくる生きものたちに目をうばわれます。見て、さわって楽しめます。

① 1型、参加可、見開き2画面、しかけえほん
② ・色への興味をうながす
　・生きものへの興味をうながす
　・〈色〉〈生きもの〉テーマのおはなし会に
　・聞き手とのコミュニケーションに

おすすめの読み方

(1) 1ページごとに色のとびらがあり、それをひらくと（または、聞き手にひらいてもらうと）生きものが現れる。文字は、「Red　レッドあか」とだけあるので、ことばで「赤いヒトデだね」などと加えるとコミュニケーションがひろがる。
(2) ページを開くと2色のとびらがあるので、「どちらのとびらをひらきますか？」と声をかけるなどして参加をうながすと、聞き手の興味が増す。
(3) 2カ所は矢印を引くしかけになっているので、読み手（または、聞き手）が引き、しかけを楽しむ。
(4) とびらから飛び出す生きものは、聞き手にゆっくりと見せる。特に最後のページは海の魚たちの大場面で、すべての色が出てくるので、色を復唱しながらいっしょに見ると、さらに楽しい。また、さわることで、弱視のお子さんも楽しめる。

ポイント

★ ひよこ（黄）、シジミチョウ（紫）などかわいいものから、トラ（オレンジ）など大きなものまで。とびらをひらくたびに驚きがあります。
★ 色によっては、かくれている生きものをあてる聞き手もいて、あたったときの満足感もあるようです。「なにがかくれているかな？」と声をかけ、「ピヨピヨないてるよ」などと、ヒントを出しながら読みすすめ、聞き手の興味を引き出しましょう。
★ ゆっくりと聞き手に見せることで、動物園や水族館に行ったかのようなワクワク感があります。

いろんな色のいろんな動物

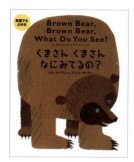

『英語でもよめる
くまさん くまさん なにみてるの？』
エリック・カール え
ビル・マーチン ぶん　偕成社

「ちゃいろいくまさん、なにみているの？」「あかいとりをみているの」。同じパターンのやりとりでいろんな色の動物が登場します。見開きに、はっきりとした絵が1つで注目しやすく、最後のページで、登場したすべての動物と色を最初からふり返ることができます。また、英語で読むと、くり返しの文がとってもリズミカルで自然と口ずさみたくなります。英語の学習にもおすすめの一冊です。

くれよんが大活躍！

『ぼくのくれよん』
おはなし・え＝長新太
講談社 ☆

「これは くれよんです。でもね……　ぞうのくれよんなのです。」ぞうは「びゅー びゅー」といろんなものをかくので、どうぶつたちは大さわぎ。のびのび描くって気持ちいいな。

くれよんで描こう

『のりものくれよん』
まつながあき さく
はやしるい え
くもん出版

いろんな色のくれよんで描かれたのりものが登場。「あかいくれよん すすむよ ぶぶー なんだろう？」すぐに、あてっこがはじまって盛り上がります。自分でも描いてみたくなるね！

この絵本も おすすめ！

① 1-2型、参加型、見開き1画面
② ・色への興味をうながす
　・〈色〉テーマのおはなし会に
　・聞き手とのコミュニケーションに

『いろいろいろのほん』
エルヴェ・テュレ さく
たにかわしゅんたろう やく　ポプラ社

『いろいろばあ』
新井洋行　えほんの杜

絵本でいろあそび。もちろん、本物の絵の具を使って遊んでみるのもいいですね。絵の具を流したり、手や指でぬったり、ごしごしこすったり。白い紙にいろんな色を重ねてみると、子どもたちは色の変化に驚き、すぐに夢中になります。
手で絵の具をさわることに抵抗感がある場合は、筆やスポンジを使うのもおすすめです。

木内かつ 著『絵本あそび』（p.93参照）には、他の絵本を題材にした絵の具を使っての遊び方が詳しく載っています。ぜひ参考に。

かず・数 認識の絵本

〈かず〉への 興味をうながし、〈数〉を楽しく学べる絵本
1・2・3、ひとつ・ふたつ・みっつ。まずは、10までの数え方を覚えよう！

やさいを かぞえてみよう

『やさいだいすき』
柳原良平　こぐま社

やさいを数えてみよう！数や数え方だけでなく、やさいの名前、色や形も学べて、やさいへの興味が広がります。

① 1型、参加可、見開き2画面
② ・数、野菜への興味をうながす
　・〈数〉〈色〉〈形〉テーマのおはなし会に
　・〈食べもの（野菜）〉テーマのおはなし会に
　・聞き手とのコミュニケーションに

おすすめの読み方

(1) 1ページに1種類のやさいが登場。「だいこん いっぽん」「にんじん にほん」「きゅうり さんぼん」とつづくので、「1、2、3」のように、指差しながら聞き手といっしょに数を数えて読むのがおすすめ。また、「かぼちゃ」「たまねぎ」「トマト」は、「ひとつ、ふたつ、みっつ」と数えてみるのもよい。

(2) 数のつぎは形。「まるい じゃがいも」「ながい ねぎ」などが出てくるので、「まるいのは？」と問いかけ、「じゃがいも」とこたえてもらったり、「ねぎはどんな形？」と問いかけるなどして、参加をうながしながら読むとコミュニケーションが広がる。

(3) そのつぎは色。「なすび は むらさき」「とうもろこしは？」と問いかけるように読むと、聞き手は自然と「きいろ」とこたえやすくなる。

ポイント

★ 個性的な表情の身近なやさいが、つぎつぎに登場し、一冊でいろいろな楽しみ方ができます。

★ 聞き手の年齢や状態によっては、読んでいる方を注視できず、次ページのやさいが気になってしまう場合があります。指差しながらうまく誘導しましょう。

★ 最後の見開きページには、すべてのやさいが登場するので、やさいの名前や数、色、形をふり返りながら、遊んでみるのもよいでしょう。

★ 本物のやさいを並べて比べてみたり、どんな料理にして食べるか話題にするのもいいですね。お買い物やお料理も楽しくなりそう。

10まで かぞえられるかな？

『10 ぱんだ』
岩合日出子 ぶん　岩合光昭 しゃしん
福音館書店

「らくらくきのぼり　1ぱんだ」「のはらで のんびり　2ぱんだ」……ページをめくるたびに、小さいパンダが1匹ずつ増えていきます。動物写真家の岩合光昭さん撮影の愛くるしいパンダを数えながら、自然に10までの数に親しめます。巻末のパンダ豆知識も10こ。パンダにも詳しくなれそう。

1から 10までのかず

『1 2 3 かずのえほん』
トム・スローター さく
西村書店

1から10までの数の概念をアートで表現。文字はなく、数字の横にその数の絵が描かれています。洗練された造形・色彩が美しく、絵の中にかくれた数をみつけるのも楽しい。

やってみよう！ 楽しいかずあそび

『かずあそび ウラパン・オコサ』
谷川晃一　童心社

「1はウラパン」「2はオコサ」と数えよう。3は2と1に分けて「オコサ・ウラパン」。4頭のぞうは「オコサ・オコサ」。なんだかおまじないみたい！集中して楽しめます。

この絵本も おすすめ！

① 1型、参加可、見開き1画面、歌付き
② ・数への興味をうながす
　・十二支への興味をうながす
　・年末年始のおはなし会に
　・聞き手とのコミュニケーションに

『十二支のかぞえうた』
さいとうしのぶ
佼成出版社

支援学級の先生から、「十二支」のわかりやすい本はないですか？とたずねられたとき、この絵本をおすすめしています。十二支が食べものを持って登場するというスタイルがユニーク。「かごめかごめ」のメロディにのせて元気よく読みましょう。1月はねずみが1時におもちを1つ、2月はうしが2時にチョコレートを2つ。子どもたちはおいそうな食べものが出てくるたびにつばを「ごくん」。日本独特の読み方の一日（ついたち）、二日（ふつか）なども、いつのまにか覚えてしまいます。

100までの 数え方にも挑戦！

『かぞえておぼえる かずのえほん』
島田ゆか 絵　すずき出版

かたち・形 認識の絵本

〈かたち〉への 興味をうながし、〈形〉を楽しく学べる絵本
まずは、○・△・□　まる・さんかく・しかくを覚えよう！

まるが いっぱい

『まるまる ころころ』
得田之久 ぶん　織茂恭子 え
童心社

カラフルな「まる」が、食べものや生きものに変身！「ごろごろ ごろん」「ひらひら ひらーり」。擬音のヒントも楽しい。

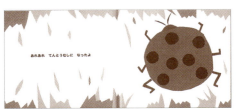

① 1-2型、あてっこ型、見開き1画面
② ・形への興味をうながす
　・造形あそびの導入に
　・〈形〉〈色〉テーマのおはなし会に
　・聞き手とのコミュニケーションに

おすすめの読み方

(1) 見開き1画面に、いろんな色・大きさの「まる」が登場。最初のページには、同じ大きさの「まる」が3つ。「きいろいまる しろいまる ちゃいろいまる ごろ ごろ ごろん」と読んでから、「まるがなにかに変身するよ」「食べものだよ」などと声がけし、あてっこ参加をうながすのがおすすめ。聞き手のこたえを待ってページをめくり、「あれあれ おだんごに なったよ」で、なにになったかを確認する。
(2) 食べもの以外のものも出てくるので、「今度は食べものじゃないよ」「虫だよ」などと、ヒントを出しながら読みすすめると、聞き手があてっこしやすい。
(3) 擬音がヒントになっているので、擬音の部分をくり返し読んでみるのもよい。

ポイント

★ いろんな色の「まる」がなにになるのかを、想像しながら楽しめます。また、想像したとおりのものになると、「当たった」よろこびを感じることができるようです。「大当たり！」などと声がけすると、場の雰囲気も盛り上がります。
★ カラフルできれいな絵本なので、ページをめくるごとに構成される「まる」の変化を見ているだけでも、また、擬音のおもしろい響きを聞いているだけでも満足感が得られます。

さんかく・しかくも！

『さんさん さんかく』
得田之久 ぶん
織茂恭子 え　童心社

『かくかく しかく』
得田之久 ぶん
織茂恭子 え　童心社

『まるまるころころ』の姉妹版。いろんな色の「さんかく」が集まって、「いちご」になったり、「クリスマスツリー」になったり……。いろんな「しかく」が動き出すと「いぬ」に「ロボット」、「あれあれ こいのぼりに なったね」。実際に色紙を切って、「まる」「さんかく」「しかく」を使っての構成あそびに発展させるのもいいですね。

かたちの基本は まる

『まる まる』
中辻悦子 さく　福音館書店

目のようにくり抜かれた2つの「まる」。あなからのぞいてみたり、指を入れてみたり、表紙をめくるだけで、ワクワクします。
ページをめくると、「まる」から広がる、さまざまな大きさのカラフルな形が現れます。
後半は、「えっへん」「えーん」「にっこり」といろんな「おかお」に。聞き手も自然と同じ表情をうかべます。口をあけて「は は は」と笑っておしまい。

この絵本も おすすめ！

① 1型、参加可、見開き2画面
② ・形への興味をうながす
　・ことばへの興味をうながす
　・〈形〉〈ことば〉テーマのおはなし会に
　・聞き手とのコミュニケーションに

『まる さんかく ぞう』
及川賢治　竹内繭子
文溪堂

本を開くと、「さんかく まる しかく」。色鮮やかな形が上から順に並んでいます。次のページは「まる さんかく しかく」。あれ？ 順番が変わった！ よく見ると、形の色や大きさも違っています。そして、もう1ページめくると、今度は「さんかく ぞう まる」。あれあれ？「ぞう」？ なんだかおもしろい。ほかにも「ふね」や「とり」など、出てくるものは奇想天外！

保育園のおはなし会でもこの本は大人気。上から順に指差しながら、みんなで声に出して読みます。絵をしっかり見ていないといっしょに読めないので、子どもたちは真剣そのもの。「せーの」のかけ声とともに「ぞう ふね さんかく」と、元気な声が響きます。次にどんなものが登場するのか、ワクワクします。

ことばで表現する "声に出して読む" ことばの絵本

**ことばで表現するために大切なのは発声！ しっかりと声を出すことです
いっしょに声に出して、絵本を読んでみましょう**

くるくる ぐるぐる

『きたきた うずまき』
元永定正 作　福音館書店

「こまき おおまき」「くるりん くるくる」いろんな形のカラフルなうずまきがいっぱい！ リズミカルな擬音がたのしい。

① 0.1.2絵本、参加可、見開き1画面
② ・ことばへの興味をうながす
　・声を出す目的で
　・〈ことば〉〈音（リズム）〉テーマのおはなし会に
　・おはなし会の気分転換、コミュニケーションに

おすすめの読み方

⑴ A、B 2人で読むのがおすすめ。
　Aが「きたきた」と読んだら、続けて Bが「きたきた」とくり返して読む。
⑵ 以降、A「うずまき」B「うずまき」のように 2人で復唱しながら読みすすめる。
⑶ 「あかまき あおまき」のページは、たとえば、
　A「あかまき〜（ドドドド〜）」
　B「あおまき〜（ミミミミ〜）」
　A「あかまき〜（ソソソソ〜）」
　B「あおまき〜（ドドドド〜）」
　のようにメロディーをつけて読んでもたのしい。
⑷ 「くるりん くるくる くるるる……」のページは、Bが「くるくる ぐるぐる くるくる ぐるぐる……」のように、色の薄い部分の文字をくり返して読む声にかぶせるように、Aが太字のことば「くるりん くるくる くるるる……」を 2回くらいくり返して読むと、声の重なりがおもしろい。
⑸ 読み手 2人で読み終わったあと、Bの部分を聞き手に復唱してもらうかたちで参加型展開にし、再度読むのがおすすめ。

ポイント

★ 読み手 2人が、かけ合い（復唱）で読んでみせてから、聞き手にも参加してもらって、再度読んでみましょう。読み手と聞き手がいっしょに声に出して読むことで、楽しさが倍増します。幼児から大人まで、みんなで復唱しながら読んでみてください。

自然と声を出したくなる

『がちゃがちゃ どんどん』
元永定正 さく　福音館書店

"音"ってどんな形かな。「がちゃ がちゃ」「どん どん」「かーん かーん」……。"音"を絵にした絵本です。聞いたことのある擬音が、単純で色鮮やかな絵で表現されていて、"音"のイメージが広がります。「とん ちん かん」など、ことばの響きを感じながら、高低や緩急をつけて楽しく読みましょう。読みはじめるとすぐに子どもは「がちゃ がちゃ」と言いたくなるみたい！"音"っておもしろいね。

「あー」といってみよう

『あーと いってよ あー』
小野寺悦子 ぶん　堀川理万子 え
福音館書店

聞き手といっしょに声を出しながら読む参加型絵本。「うえを むいて あー」、両手をひろげて「あー」、口をたたいて「あわわわわー」。「のどに そっと てを あてて」「あー」というと、からだの中から出てくる音が手にもひびくよ。「あ」は、のびたり、はねたり、ちぢんだり、いろんな「あー」に変身できる。うれしいときの「あー！」、おもいっきり「あー」。あなたのいい声、聞きたいな。

この絵本も おすすめ！

『とんとん どんどん』
中川ひろたか　村上康成
PHP研究所

① ことばあそびブック、1-2型、参加可
② ・ことばへの興味をうながす
　・擬音の理解、語彙を増やす目的で
　・声を出す目的で
　・〈ことば〉テーマのおはなし会に
　・おはなし会の気分転換、コミュニケーションに

「かたを とんとん」「むねを どんどん」。あれ？「とんとん」に濁点（てんてん）がつくと、ことばの意味が変わった！
簡潔な文とゆかいな絵が、意味の変化をわかりやすく表現しています。擬音の一部を、濁音や半濁音にするだけで、こんなにも意味がかわってしまうなんて、ことばっておもしろい。ことばへの興味も広がりそうです。
支援学級で読んだときには、「とんとん」で肩、「どんどん」で胸をたたくなどの動作も入れて読んでみました。自分の身体で表現すると、ことばの意味を実感しやすいようです。
また、擬音の部分を、ふせんや手でかくして、「けむり もくもく」「やきとり？」と問いかけるように読むのもおすすめ。「もぐもぐ」と元気な声がかえってきます。

ことば・語彙を増やす 声に出して詩を読む

**声に出して読むことに慣れてきたら、詩を読んでみるのもおすすめです
表現力の向上に、また、自然と語彙を増やすことにつながります**

言葉ふざけ　川崎洋

さかさのさかさはさかさ
八百屋のさかさも八百屋
スイスのさかさもスイス
パパのさかさもパパ
ママのさかさもママ
耳のさかさも耳
ミルクのさかさは胡桃
イルカのさかさは軽い
マントのさかさはトンマ
貝のさかさは烏賊
砂のさかさは茄子
鯛のさかさは板
手袋のさかさはろくぶて
ろくぶて六つぶて
こ猫のさかさはこ猫
いたいのさかさもいたい
傘のさかさは坂
鰐のさかさは庭
草のさかさは咲く
アハハのさかさはハハア

「しゃべる詩 あそぶ詩 きこえる詩」より

たのしい詩がいっぱい

『しゃべる詩 あそぶ詩 きこえる詩』
はせみつこ 編　飯野和好 絵
冨山房

紹介の「言葉ふざけ」川崎洋ほか、谷川俊太郎、まど・みちお、工藤直子など、ことばの達人が選んだ詩が全57篇。

① 詩集
② ・ことばへの興味をうながす
　・語彙を増やす目的で
　・声を出す目的で
　・〈ことば〉テーマのおはなし会に
　・おはなし会の気分転換、コミュニケーションに

おすすめの読み方

(1) 本を紹介。詩のタイトル、作者を読む。
(2) 最初の一行を「さかさのさかさは」? と問いかけるように読み、聞き手に「さかさ」とこたえてもらうようをうながす。これ以降、さかさことばの部分を声に出すかたちで参加してもらうことを簡潔に説明、読む速さやリズムも確認すると、すすめやすくなる。
(3) 詩のタイトル、作者から再スタート。2行目以降も、読み手「八百屋のさかさは」、聞き手「八百屋」のように、リズムよく読みすすめる。

ポイント

★ さかさことばを考えながら、声に出して詩を味わってみましょう。
★ 聞くだけでも参加できますが、視覚情報（文字情報）があった方が参加しやすい人もいるので、詩（テキスト）の拡大掲示をおすすめします。
★ ほかにも、聞いて、読んで楽しい詩がたくさん掲載されています。

詩で あてっこあそび

『版画 のはらうた Ⅰ』
童話屋

うさぎやあひる、すみれにかぜ……くどうなおこさんが、のはらの住人のうたを書きとめました。
『のはらうた』が誕生して30年以上。詩を読んで、のはらのだれの詩か、あてっこするのもおすすめです。野山で遊ぶのが好きな子も得意になってこたえてくれます。「かまきりりゅうじ」「こねずみしゅん」……のはらのみんなに名前があります。

名詩を 絵本で読む

『くまさん』
まど・みちお 詩
ましませつこ 絵　こぐま社

春、冬眠から覚めて「ぼくは だれだっけ」と、ぼんやり考えるくまさん。「そうだ ぼくはくまだった よかったな」。自分が自分であるというよろこびがあふれる、まどさんの詩です。

名曲の歌詞を 味わう

『はじまりの日』
ボブ・ディラン 作
ポール・ロジャース 絵
アーサー・ビナード 訳　岩崎書店

「毎日が きみの はじまりの日」と歌うボブ・ディランのメッセージに元気をもらえます。新しい日を希望をもって歩いていくためのヒントがたくさん。ポップな絵と斬新な訳が魅力的。

この絵本も おすすめ！

**ことばや詩で遊ぶための おすすめの参考図書
あそび方の実例や小道具が たくさん紹介されています**

『くるりん・ふしぎごとば』『詩で・ダンスダンス』
藤田浩子 編著　近藤理恵 絵　一声社

おはなしおばさんとして著名な藤田浩子さんは、幼児教育にたずさわりながら、おはなしを語って50年。「言葉はまず耳から」「リズミカルな「詩」は覚えやすく、使わない手はない」といいます。また、ことばあそびをたくさんすると、語彙が増えるだけでなく、気持ちを言葉で伝える力が身につくのだそう。
『くるりん・ふしぎことば』には、かぞえうたなどのことばあそびがいっぱい！『詩で・ダンスダンス』には、多彩な詩で楽しく遊ぶ試みが、詳しく紹介されています。
『のはらうた』収録の「くちばし」を牛乳パック人形を使って読んでみせると、大人も子どももすぐに覚えていっしょに唱えてくれます。詩や、ことばあそびを集団で楽しむための読み手の発想も広がります。

詩であそぶ

あいうえおにぎり　ねじめ正一

あいうえおにぎり
ぺろっとたべて
かきくけころっけ
あつあつたべて
さしすせそーめん
するするたべて
たちつてとんかつ
むしゃむしゃたべて
なにぬねのりまき
もぐもぐたべた。
はひふへほかまん
ぱくっとたべて
まみむめもなか
やいゆえよーかん
まるごとかじり
らりるれろっぱい
ごはんをたべて
わいうえおもちも
んとたべた。

「あいうえおにぎり」より

　詩は声に出して読むと楽しいものです。
　支援学級で初めて詩を紹介したときのことです。大きく詩の書かれた紙を見て、不安げに「詩ってなあに？」と聞いたお子さんがいました。「詩ってね、メロディーのない うた みたいなものだよ」とこたえて、リズムよく詩を読んでいくと、緊張もほぐれた様子で笑顔になりました。これ以降、毎回、おはなし会に詩を取り入れていくことで、声を出すことが苦手なお子さんも、次第に声を出せるようになっていき、先生たちも私たちも驚き、うれしく思いました。
　何回目かに読んだ「あいうえおにぎり」（ねじめ正一 作／いとうひろし 絵／偕成社）は子どもたちが大好きな食べものが題材です。食べものの名前をふせんでかくし、あてっこしながら読んでいくと集中でき、楽しみながら50音に親しめるので、子どもたちにも、先生にも大好評でした。また、いつもは発語に時間のかかるお子さんが、このとき、楽しんで声を出していたのをきっかけに、この詩を半年かけて練習し、学習発表会で立派に暗唱できた、といううれしい報告も後日、先生からいただきました。
　詩の復唱には、リズムやことばを味わうことのほかに、声を出して発散することでリラックスでき、後に続くおはなしを集中して聞けるという効果もあるようです。『あそぶことば かさぶたってどんなぶた』には、「あいうえおにぎり」を含め、聞いて、読んで楽しい詩がたくさん載っています。
　小中学校のおはなし会や、大人向けのおはなし会などでも、いろいろな詩で遊んでみてください。（伊藤深雪）

『あそぶことば
かさぶたってどんなぶた』
小池昌代 編　スズキコージ 画
あかね書房

声を出すということ "呼吸と声"
特別支援学校高等部ほかで

自分の気持ちをことばで伝えるために、声を出すのは大事なこと。そして、声を出すために大切なのが「呼吸」なんですね。『すっすっはっはっ こ・きゅ・う』は、呼吸の大切さと、呼吸から生まれる声の素晴らしさを体感できる絵本、画面いっぱいから元気な雰囲気が伝わります。

「くうきを すって すう～」「はいて はあ～」ではじまって、おおきくすったり、ちいさくはいたり……。まずは、絵本に合わせて聞き手といっしょに呼吸して「こきゅうを するって いいきもち」を体感します。

すったりはいたりしながら笑い出したら「あははは」あれっ？　声になった！とがった声で「きっ きっ きっ」、まあるい声で「まあ～ん もあ～ん」。呼吸を感じながら、表情豊かに声を出して読みましょう。

幼稚園・保育園や小学校、こども病院や支援学級でも、この絵本は大活躍。特別支援学校の高等部から、いのちをテーマにしたおはなし会（授業）の依頼があったときにも、写真絵本や昔話の紙芝居などとともに、この絵本を持参しました。いきなり声を出そうと言われるととまどいがちな生徒も、「すう～ はあ～」の呼吸からはじまるので、意外なほど自然に参加してくれ、「だしてみよう こえ！」の場面も抵抗感が少ないようです。へんな声で「みゅにぃぃぃぃ」、こわい声で「うぉ～ひゅ～……」、読み手につづいて、ちょっとはにかみながらも、みんな笑顔で声を出してくれました。声の音、響きが伝える「きもち」も実感できます。

最後に出てくるのは、おこった声とかなしい声。おこったり、悲しくなったそのときは「もういちど ゆっくり こきゅうを してみよう」。「すう～ はあ～」と深く呼吸をくり返すと「げんきが でてくるよ」。これこそ、どんな子にも、いえ、むしろ、大人にも伝えたいメッセージです。

音楽や音声と身体の関係について研究をされてきた音楽学博士でもある、作者の長野麻子さんは「声はまさしく呼吸から生まれ、言葉も音楽も呼吸から生まれる。呼吸は喜び、怒り、悲しみなど、さまざまな感情を表現できる私たちの命の源だ。」と言います。絵は、長野ヒデ子さん。親子であるお二人の息もぴったりの素敵な絵本です。

（豊嶋さおり）

『すっすっはっはっ こ・きゅ・う』
長野麻子 作　長野ヒデ子 絵　童心社

〈ことばあそび〉の本棚

『ことばあそびうた』
谷川俊太郎 詩／瀬川康男 絵／福音館書店

「かっぱ かっぱらった……」でおなじみの「かっぱ」などことばあそび全15篇収録。日本語っておもしろいね。声に出して読むと楽しさ倍増！

『ことばのこばこ』
和田誠／瑞雲舎

イラストレーター和田誠さんによることばあそびが、しりとり、回文、かぞえうたなど18種。声に出してあそんだあとは作ってみたくなるよ。

『へんしんトンネル』
あきやまただし 作・絵／金の星社 ☆

くぐるとびっくり！へんしんトンネル。かっぱが「かっぱ かっぱ……」とつぶやきながらくぐると「ぱかっぱかっ……」馬に変身しちゃいます。

詩を声に出して読んだり、〈ことばあそび〉をするときは、聞き手にどのように参加してもらうかを簡潔・明確に伝えましょう。
また、声を出すタイミングを「せーの」や「さん、はい」などと声がけすると聞き手は安心して声を出しやすくなります。

『なぞなぞえほん』セット
中川李枝子 さく／山脇百合子 え／福音館書店

ぐりとぐらのなぞなぞえほん全3巻。軽快なリズムのなぞなぞがつぎつぎに登場。人気者たちの絵が、わかりやすいヒントになっています。

『なぞなぞあそびうた』
角野栄子 さく／スズキコージ え／のら書店

リズミカルなことばとユーモアたっぷりの絵によるなぞなぞがいっぱい！こたえは身近なものばかり。なぞなぞが好きな子におすすめです。

『どうぶつはいくあそび』
きしだえりこ 作／かたやまけん 絵／のら書店

動物たちの俳句はどれもゆかいで個性的。「ぶーたらぶ ぶひぶへーも ぶいぷいれ」って、だれの俳句？詠んだ動物をあてっこしてみよう！

『はやくちことばで おでんもおんせん』
川北亮司 文／飯野和好 絵／くもん出版

おでんたちがやってくる温泉で、つくねもたまごも、温まりながら早口ことば。「なまたこ なまあげ なまがんも」。さあ、言えるかな？

『しんかんせんは はやい』
脚本 中川ひろたか／絵 和歌山静子／童心社

「しんかんせんは はやい」「はやいは つばめ」「つばめは くろい」……連想がつづく、リズミカルなことばあそびうたの紙芝居。

集中力・聞く力を育てる
物語への興味をうながす・長めのおはなしに挑戦！

☆ 大型絵本、特におすすめです

ことばのリズムが心地よい

『きょだいな きょだいな』
長谷川摂子 作　降矢なな 絵
福音館書店 ☆

「あったとさ あったとさ ひろいのっぱら どまんなか……」リズミカルなことばにのって、きょだいなものが続々登場！

① 物語絵本、1-2型、見開き1画面、（歌もあり）
②・〈夏〉のおはなし会に
　※ Ⅰ『ひげゴリラのおもいっきりあそびうた』
　　　成田 和夫 著　カワイ出版（品切れ重版未定）
　　Ⅱ『あそびうたハンドブック』
　　　あそびうた研究会 編　カワイ出版

おすすめの読み方

(1)「あったとさ あったとさ …… きょだいな ピアノが あったとさ」リズムにのって読むのがおすすめ。
(2) 以降、「せっけん」「でんわ」など巨大なものがつぎつぎ登場。絵は聞き手にじっくりと見せる。

ポイント

★ ※の本に掲載の楽譜を参考に、歌いながら読むのもおすすめ。ことばも大切にしたいので、登場するものごとに、読む、歌うを交互にくり返すと、飽きずに、聞き手の集中が続きやすくなるようです。

スリル満点！ 大冒険

① 外国のナンセンス絵本、1-2型、見開き1画面、英語併記
②・〈冒険〉などのテーマのおはなし会に
　・英語活動、学習のために
　・聞き手とのコミュニケーションに

『よかったね ネッドくん』
シャーリップ さく
やぎたよしこ やく
偕成社 ☆

「よかった！」" Fortunately "「でも、たいへん！」" Unfortunately "のくり返しのストーリー展開に、ドキドキ、わくわくしながら楽しむことができます。
「運がいい」カラー場面と、「運がわるい」白黒場面が交互に展開するので、視覚的にも状況をキャッチしやすく、支援学級の子どもたちも歓声をあげながら、最後まで集中して聞いていました。
小学生の高学年以上の読み聞かせのときなどは、読み手が日本語と英語を交互に読むのもおすすめ。英語のリズムのよさも感じ、英語にも親しみやすい内容です。
場面をイメージし、聞き手の反応を見ながら読んでいくと、ネッドくんの冒険物語をより魅力的に伝えることができるでしょう。

とにかく おもしろい！

『コッケ モーモー！』
ジュリエット・ダラス＝コンテ 文
アリソン・バートレット 絵
たなかあきこ 訳　徳間書店

ある日、鳴きかたを忘れてしまったおんどりは、鳴き声を間違ってばかり……。ところが、そのおかげで大活躍！

① 外国の物語絵本、見開き1画面
② ・さまざまな場所での読み聞かせに
　　・〈ことば〉〈音（声）〉テーマのおはなし会に

おすすめの読み方

(1) 「あるあさの ことです。…… おんどりは、よが あけたことを つげるために いきを おおきく すいました。ところが……」と読み、つぎのページの「コッケ モーモー！」は、ページをめくると同時に読む。

(2) つぎの「そこで おんどりは、また、いきを すいました」の部分はページをめくる前に先読みし「コッケ ガーガー！」と読むのにあわせてめくるとよい。

(3) 以降、同様に鳴き声の前の文は前ページの最後に先読みし、鳴き声と同時にめくるのがおすすめ。

ポイント

★ そのまま読むと、肝心の鳴き声を読む前に「コッケ ブーブー！」などの大きい文字が先に見えてしまうので、ページをめくるタイミングを工夫しましょう。

カステラの においがしてきそう

① 物語絵本、見開き1画面（一部、2画面）
② ・さまざまな場所での読み聞かせに
　　・〈食べもの〉テーマのおはなし会に

『ぐりと ぐら』
なかがわりえこ と おおむらゆりこ
福音館書店 ☆

おはなしのなかに、うたやおいしそうなかすてらなど、子どもたちの大好きなものがたくさん登場します。ある重症心身障害児の施設で大型絵本で読んだとき、長いおはなしにもかかわらず、集中して聞いている姿に、先生方も驚いていました。

かすてらが焼き上がり、なべのふたを取る場面では絵と文のタイミングをあわせるため、「"さあ、できたころだぞ" ぐらが おなべのふたを とると、」と先読みしてからページをめくると効果的。ふんわりと焼きあがったかすてらが現れ、子どもたちも大満足です。

ぐりとぐらが歌う場面は、メロディーにこだわらずリズミカルに読んでもよいでしょう。また、ぐり・ぐらを2人で読み分けると、おはなしに表情がついてより楽しくなります。

想像しながら ページをめくろう

『なにを たべてきたの?』
岸田衿子 文　長野博一 絵
佼成出版社 ☆

おなかがすいた「しろぶたくん」が、たべたのは、りんごとレモンとメロンとぶどうと、せっけん！ さて、どうなる？

① 物語絵本、見開き1画面
② ・さまざまな場所での読み聞かせに
　・〈食べもの〉〈動物〉〈色〉テーマのおはなし会に

おすすめの読み方

(1) 登場するぶたのことばに合わせて、それぞれのぶたを指差しながら読みすすめるとわかりやすい。
(2) 主人公のしろぶたくんの身体には、食べたくだものの色がひとつずつ増えていくので、「りんご」で赤、「レモン」で黄色のように、色を順に指差しながら読むのもおすすめ。その際、聞き手がくだものの名前をいっしょに声に出して参加できるよう、タイミングをはかりながら読むのも楽しい。

ポイント

★ しろぶたくんと、それ以外のぶたくんを読み手2人で読み分けると、さらにわかりやすくなります。
★ 最後に表紙の絵で、しろぶたくんがなにをたべてきたのか、ふりかえってみるのもよいでしょう。

かんたといっしょに 不思議体験！

① 物語絵本、見開き1画面（一部、2画面）
② ・さまざまな場所での読み聞かせに
　・〈夏〉のおはなし会に

『めっきらもっきら どおん どん』
長谷川摂子 作　ふりやなな 画　福音館書店 ☆

主人公のかんたが、でたらめなうたを歌って穴にすい込まれ、着いた世界で「もんもんびゃっこ・しっかかもっかか・おたからまんちん」の3人のおばけたちと遊び、また現実世界に戻ってくるという魅力的な物語。
絵に迫力があり、ことばもおもしろいので、支援学級で大型絵本で読んだときも、全員が前のめりになって集中していました。読み終わって「もう1回見たい」と言う子も！ 長いおはなしをしっかり聞けると「最後まで聞けた」という自信にもつながります。
　2人で読み分けしたり、もんもんびゃっこと「なわとび」する場面で本を上下に動かしたり、工夫して読むと楽しさが倍増します。
「モモンガーごっこ」や「おたからこうかん」が子どもたちに流行ることもあります。

支援の必要な子どもたちと図書館で本を読む
特別支援学校中等部　図書館遠足

松本市には、お隣が公園という図書館があります。あるとき、図書館の司書といつもそこを拠点に活動している会のメンバーがいっしょになって、遠足でやってきた支援学校の生徒さんにおはなし会をするというので見学に行きました。生徒たちにも公共図書館に行くという体験をさせてあげたいと考えた先生方から、図書館と会のメンバーに協力してもらえないかという相談があったそうです。はじめてのことでしたので、三者はていねいに打ち合わせを重ねました。せっかく図書館に来てもらうのだから、全員利用者カードをつくり、卒業した後も社会教育の場として図書館を利用してもらえるよう、利用の方法をわかりやすく説明すること、おはなし会の内容も、中学生のプライドをそこなわぬよう、幼稚な内容は避けること、反対におはなしに退屈したり、集中力が切れてしまわないよう配慮すること、などをとりきめました。

生徒さんたちは、興味津々楽しそうに、図書館の中を見てまわり、メインのおはなし会にのぞみました。本日の絵本は『ドオン！』。ジャズピアニスト山下洋輔と和太鼓集団「佐渡国・鼓童」の交流から生まれたという太鼓の打ち合い場面がとても楽しい絵本です。読み手は一人は鬼の子ドンになり、もう一人は人間の子こうちゃんになって対話しながら読みすすみました。

二人ともいたずらが過ぎ「でていけ！」と親から追いだされるという部分を読んだときです。生徒の一人が、目にも止まらぬ速さで、部屋を出ていきました。読み手は唖然として、固まってしまいましたが、ほかの生徒さんはまったく気にしていません。しっかり集中して、読み手を見つめています。「ドンドコ　ドンドコ　ドコドン　ドン！」気を取り直した読み手の、太鼓をたたく軽快な声が鳴り響きます。先生も、生徒も、体をゆすってリズムをとり、大いに盛り上がって絵本は終了。生徒さんたちの満足のため息がこぼれ、みんなニコニコ顔で学校へ帰っていきました。

後日、担当の先生から「生徒がでていったのは、『出ていけ』という言葉をちゃんと聞いていて反応したんです。それに、ほかの子があそこまで集中しておはなしを聞けるとはうれしい誤算でした。図書館がぐっと身近になりました」とうれしい報告をいただいたそうです。

『ドオン！』
山下洋輔 文　長新太 絵
福音館書店

（越高令子）

コミュニケーションが苦手な子に

- はじめまして あいさつ
- 表情・気持ち
- からだで表現する
- 自分で選ぶ
- あてっこ

はじめまして あいさつ

〈あいさつ〉は、コミュニケーションの基本
はじめてあった人と、絵本で あいさつ！ きっと、すぐに 仲良くなれるよ

読んで 歌って 自己紹介

『はじめまして』
新沢としひこ 作　大和田美鈴 絵
すずき出版 ☆

ねこくん、ぞうさん、ピアノやいすも、はじめましてのごあいさつ。出会って最初の自己紹介。あなたもどうぞ！

① 1-2型、参加可、見開き1画面、歌付き
② ・あいさつへの興味をうながす
　・はじめましてのあいさつに
　・おはなし会の導入に

おすすめの読み方

(1)「はじめましての ごあいさつ ねこやまたろうと もうします」と歌い（または、読み）、ゆっくりとページをめくる。

(2) つづけて「おひげが ぴんぴん はえています どうぞ これから よろしくね」と歌い（または、読み）、「よろしくね」は、聞き手にもいっしょに声を出してもらうよううながしながら、もう一度くり返して歌う（または、読む）とコミュニケーションが広がる。

(3) 以降、「よろしくね」をくり返しながら、同様に読みすすめる。

ポイント

★ 巻頭に載っている譜面を参考に、歌いながら読むのがおすすめです。聞き手にも歌って参加してもらうと楽しさが倍増します。

★ おしまいまで読んだあと、読み手も歌って自己紹介してみましょう。

英語で はじめまして

『How Do You Do?
　はじめまして』

新沢としひこ 作　大和田美鈴 絵
デレック・ウェスマン 訳
すずき出版 ☆

" How do you do? My name is Momoko Nonohana. I love to dance. Would you like to be my friend ? "
はじめましての自己紹介。外国のお友だちとも仲良くなれそう。英語活動・学習にも役立ちますね。

表情・気持ち

相手の気持ちをよみとったり、自分の気持ちを表現したり、
表情や声ってだいじだね。

『かお かお どんなかお』
柳原良平　こぐま社

わらった顔、ないた顔、おこった顔に、いたずらな顔。いろんな「かお」がいっぱいの"表情"の絵本。

① 1型、参加可、見開き2画面
② ・顔、表情、気持ちへの興味をうながす
　・聞き手とのコミュニケーションに

おすすめの読み方

(1)「かお」、1ページごとに1つの顔が登場。「かお に め が ふたつ」、づづいて、「はな」「くち」は、読み手が自分の目、鼻、口をそれぞれ指差し、聞き手にも指差してもらうよう、うながしながら読んでみるのもよい。

(2)「たのしい かお」「かなしい かお」など、いろんな表情の顔がつぎつぎに現れるので、読み手がそれぞれの表情をうかべて見せ、聞き手にも同じ表情を作ってもらうよう声がけしながら読みすすめるとよい。

ポイント

★ 見開きに2画面、2つの顔があるので、聞き手の年齢や状態によって、指差し方を工夫してみましょう。絵本を右手で持ち、左手で指差しながら、聞き手から見て向かって右側の画面の顔を少しかくして読むと、左側の画面の顔を見てくれます。つづいて、指差している左手を右側の画面の顔にずらすと、絵を目で追いやすく、つぎの顔にも集中できるようです。

**ことばで 英語で
　　気持ちを表現**

"Yo! Yes?"
By Chris Raschka
SCHOLASTIC

"You!""Me?"絵と文字が英語の微妙なニュアンスをみごとに表現。簡単な英語ばかりなので、登場する2人の男の子になりきって、感情をこめて、かけあって読んでみよう！　友だちになるって簡単なのかも。

からだで表現する

〈からだ〉で表現できるかな？　絵本で身体を動かそう！

からだで あそぼう！

『できるかな？
あたまからつまさきまで』
エリック・カール さく
くどうなおこ やく　偕成社

ペンギン、きりん、さる……。動物たちの動きに合わせて、身体でまねっこあそび！ きみはできるかな？

① 1型、参加型、見開き1画面、歌付き（※）
② ・からだあそびの目的で
　・〈からだ〉〈動物〉テーマのおはなし会に
※『いっしょに歌おう！ エリック・カール絵本うた』
　『CD エリック・カール絵本うた』 ともに コンセル

おすすめの読み方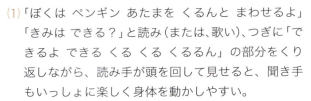

(1) 「ぼくは ペンギン あたまを くるんと まわせるよ」「きみは できる？」と読み（または、歌い）、つぎに「できるよ できる くる くる くるるん」の部分をくり返しながら、読み手が頭を回して見せると、聞き手もいっしょに楽しく身体を動かしやすい。

(2) 全12動作あるので、場面に応じてピックアップしたり、読み手以外の人が実際の動きをやってみせるのもわかりやすくてよい。

ポイント

★ 別売りの楽譜を参考に、または、別売りCDの音楽にあわせて歌いながら読むのもおすすめです。（※）

たいそう絵本も、たくさんあるよ！

『ぺんぎんたいそう』
齋藤槙 さく　福音館書店

ちいさなぺんぎんと、おおきなぺんぎんがならんで登場。「いきをすって〜」「はいて〜」。足をあげたり、腕をふったり、リアルな動きが楽しい。読みながら、ぺんぎんたいそう、やってみよう！

『パンダ なりきりたいそう』
いりやまさとし　講談社

チューリップ、バナナ、おにぎり、ひこうきなど、身近なものになりきって体操しましょう！ シリーズに『パンダ おやこたいそう』『パンダ ともだちたいそう』『パンダ かぞえたいそう』もあります。

『あかちゃん たいそう』
鈴木まもる 作　小峰書店

「ねこさんと ほっぺとほっぺ すりすりすり」「いぬさんと てとてを つないであ・く・しゅ」。心地よいことばのリズムに合わせ、楽しく身体を動かして遊べます。おしまいは「おかあさんとぎゅ〜っ」。

自分で選ぶ

自分で決めるって、たいせつ

まよわず 決められるかな？

『ねえ、どれが いい？』
ジョン・バーニンガム さく
まつかわまゆみ やく　評論社

きみんちのまわりがかわるとしたら、こうずい？ おおゆき？ ジャングル？「どれが いい？」想像して選んでみよう！

① 1型、参加型、見開き1画面（一部、2画面）
② ・選ぶ楽しさをあじわう
　・想像力を働かせる
　・おはなし会の気分転換、コミュニケーションに

おすすめの読み方

(1)「ねえ、どれが いい？」と問いかけ、たくさんの選択肢のなかから、自分で自分のこたえを選ぶ絵本。それぞれが、2択から6択になっているので、選択肢を読んだあと、聞き手に自分で選んだものを指差してもらったり、または、人数が多い場合などは、再度選択肢を読みながら、選んだものに手をあげて参加してもらうのもおすすめ。

(2) 盛り上がりすぎて、次のページにすすめないこともあるので、タイミングを見計らいながらやりとりし、つぎのページへうまく誘導するよう心がける。

(3) 時間や状況に合わせ、事前に数ページをピックアップして読んでもよい。

ポイント

★ 選択肢はさまざま。「おしろで しょくじ、ききゅうで あさごはん、かわで おやつ。」のように、どれも素敵で迷ったり、「クモの シチュー、カタツムリの だんご、ムシの おかゆ、ヘビの ジュース。」のように、どれも選びたくなくて悩んだり、盛り上がることまちがいなし！ 読み方に表情や緩急をつけたり遊び心を持って読みましょう。

★ どうしてそれを選んだのかを考えてみるのも大事ですね。ほかの人との考え方の違いを知ることができ、意外な発見があるかも！

★ ときには、読み手が選んだものや、また、先生や保護者などの大人が選んだものを取り上げてみたりするのもいいですね。奇想天外な選択肢の数々に会話もはずみます。

あてっこ

あてっこの絵本。参加できるかな？ わかるかな？
だれでも参加しやすいよう、読み方をひと工夫してみましょう

これ なあに？

『やさいの おなか』
きうちかつ さく・え
福音館書店

野菜の断面「おなか」の白黒の絵。さて、なんだかわかるかな？ ページをめくると色がついたよ。あっ！ わかった！

① 1-2型、あてっこ型
② ・野菜への興味をうながす
・〈食べもの（野菜）〉テーマのおはなし会に
・おはなし会の気分転換、コミュニケーションに

おすすめの読み方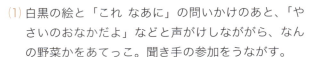

(1) 白黒の絵と「これ なあに」の問いかけのあと、「やさいのおなかだよ」などと声がけしながら、なんの野菜かをあてっこ。聞き手の参加をうながす。

(2) 「最初だから、見せるね」などと言いながらページをめくり、色のついた「ねぎ」の断面と、本物の「ネギ」の絵を見せ、「やさいのおなか」とは野菜の真ん中を切ったところのことだと簡単に説明するとわかりやすい。

(3) つぎの「れんこん」以降も、あてっこしながら読む。

ポイント

★ カラーの断面と、本物の野菜の絵のページの間に紙を1枚はさんで読むと、一画面ずつ3段階であてっこができます。① 白黒の断面で「これなあに」とあてっこ。② カラーの断面であてっこ。③ はさんだ紙をずらしながら本物の野菜の絵を徐々に見せると、白黒・カラーの断面では、なんの野菜かわからなかった子からも、途中で「わかった！」と声があがります。聞き手それぞれが、いずれかの段階で「わかった」を実感でき、ほぼ全員が満足感を得られるようです。はさんだ紙をずらしながら読むため、絵本は右手で持ち、カラーページの野菜の名前の文字はふせんでかくしておきましょう。

★ 参加型の題材の場合、理解力や語彙力、発声の問題、あるいは、集団での活動を苦手とする子もいるなど、全員の積極的な参加が難しい場面もあります。なるべく多くの子が楽しく参加できるよう、読み方や差し出し方を工夫したいものです。

あたたかいタッチの絵も魅力

『のりもの なあにかな』 『どうぶつ だあれかな』
え かきもとこうぞう
ぶん はせがわさとみ　学研プラス

「あかい くるまだ なあにかな？」。『のりもの なあにかな』では、つぎに出てくるのりものの、色や形から、あてっこあそびができます。『どうぶつ だあれかな』では、動物のおしりやしっぽをヒントにあてっこ。『どんくまさん』、『どうぞのいす』などで知られる柿本幸造の、月刊絵本（1972・1981年刊）の初の単行本化です。

歌って あてっこ！

『うちのかぞく』
谷口國博 文　村上康成 絵
世界文化社

「うちのかあちゃん おこったら〜」「きつねになっちゃった」。家族がたくさん登場し、変身しちゃう、歌ってたのしい絵本。思わず笑ってしまいます。（巻末に譜面つき）

かたぬきえほん シリーズ

『くだもの いろいろ かくれんぼ』
いしかわこうじ
ポプラ社 ☆

いろんな色がつぎつぎに登場。あれあれ？　かたぬきページを重ねると、くだものが現れるよ。大型絵本で読むのもおすすめ。どうぶつ、のりもの、クリスマスなどシリーズも豊富。

この絵本も おすすめ！

『オレ・ダレ』
文 越野民雄　絵 高畠純
講談社

① 1型、あてっこ型、見開き1画面
② ・あてっこ
　・想像力を働かせる
　・〈動物〉テーマのおはなし会に
　・おはなし会の気分転換、コミュニケーションに

青い夜空に浮かび上がる動物のシルエット。「オレ、せがたかい。すごくとおくがみえる。でも、あしがとってもほそい。……オレ、ダレだ。」聞き手は、このことばとシルエットで「キリン」だとすぐにわかります。
また、ところどころ「ことばだけで当ててね」と声がけし、絵をかくして読むこともあります。支援学級で読んだときも、ことばだけを頼りになんの動物か考えなければならないので、子どもたちはとても集中して聞き、考えてくれました。わかったことが、うれしさや自信にもつながります。
いくつかの動物を選んで読み、残りはおはなし会が終わってから自分で読むようにうながしてみるもののいいですよ。

自分で選ぶ・自分で決めるって大事
保育園・幼稚園の子どもたち

「ねえ　どっちが すき？」「ぴっかり めだまやき と ほっこり たまごやき」、自分のすきな方を選んでね。「きちきちきち バッタ と ころころん ダンゴムシ」なら？「ぶうーらん ぶうーらん ぶらんこ と／しゅうーすとん すべりだい」は？　ねえ、どっちがすき？

『ねえ　どっちがすき？』は、つぎつぎ登場するおいしいものや、たのしいもののなかから、どちらかひとつを選ぶ絵本。登場するのは子どもたちが大すきですてきなものばかり。どっちもすきで、迷ってしまいます。

絵本から見える子どもの姿

3歳児のクラスでこの絵本を読んでいると、子どもたち一人ひとりの様子から、さまざまなことが見えてきます。「どっちかを選んで、どっちかひとつに手をあげてね」と語りかけてから読みはじめます。すると、すぐにどちらかをしっかりと選んで手をあげる子、迷いに迷いながらもどちらかに決めて手をあげる子、どちらもすきだから迷いなくどちらにも手をあげる子、迷いすぎて決められず手があがらない子、それに、そもそも、どうしたらいいのか理解が難しい様子の子……。たった一冊の絵本から、子どもの性格や特性が手にとるようにわかることがあります。読み手としては、そんな子どもたちそれぞれの姿をありのままに受けとめたいものです。最後は「ねえ　どっちがすき？　じーじーウィンナ と じゅう じゅうハンバーグ」。ページをめくると「どっちも だいすき！」。迷って選べない子の気持ちもあたたかく受けいれてくれるのも、この絵本の魅力です。また、p.43に紹介の『ねえ、どれが いい？』と違い、イヤなものはひとつも出てこないので、幼い子でも楽しめます。

人生において、行く道を選ぶときがくることを、また、なにかを決断しなければならないときがあることを大人は知っています。いずれ訪れるそのときまでに、たくさんのあそびや経験をとおして、自分で選び、決める"力"をたくわえていってほしいものです。

（豊嶋さおり）

『ねえ　どっちがすき？』
安江リエ ぶん　降矢奈々 え
福音館書店

〈コミュニケーション〉の本棚

『でてこい でてこい』
はやしあきこ さく／福音館書店

いろんな形の色から「でてこい でてこい」でなにかが飛び出すあてっこ絵本。かえるが「げこ、げこ」、ヘビが「にょろ にょろ」。擬音がヒント！

『あのやま こえて どこ いくの』
ひろかわさえこ／アリス館

「ありさん ありさん どこいくの」「あのやま こえて こめつぶ かいに」。リズムにのって、かけあってうたいましょう。想像力も広がる内容です。

『おおきく おおきく おおきくなあれ』 （紙芝居）
脚本・絵 まついのりこ／童心社 ☆

みんなで声をあわせて「おおきく おおきく おおきくなあれ」って言うと、あれあれ、ぶたが大きくなった！参加型紙芝居でコミュニケーション！

『てじな』
土屋富士夫 作／福音館書店

「あんどら、いんどら うんどら！」のまほうのことばにあわせてページをめくると、つぎつぎに手品がくりだすよ！穴あきのしかけにも注目。

『おおきなかぶ』
A. トルストイ 再話／内田莉莎子 訳／佐藤忠良 画／福音館書店 ☆

みんなでかぶをひっぱると、聞き手もいっしょに「うんとこしょ どっこいしょ」の大合唱。名作絵本です。

『アルパカパカパカやってきて』
おおなり修司 文／丸山誠司 絵／絵本館

「パカパカ」が「ポカポカ」に、「ズラズラ」が「バラバラ」に。一文字ちがうだけで意味が変わるね。とにかくおもしろくってわらっちゃう！

子どもといっしょに絵本を読むと、子どものいろんな姿や個性を発見し、大人の心も踊ります。さあ、スマホやゲームを置いて、豊かで特別な時間を過ごしてみてください。

『ねこのピート だいすきな よっつのボタン』
作 エリック・リトウィン／絵 ジェームス・ディーン／訳 大友剛／文字画 長谷川義史／ひさかたチャイルド

ピートはカラフルなボタンの服がだいすき。ボタンがとれてしまっても、ピートはいつも前向き！うたって楽しいシリーズです。

『サルビルサ』
スズキコージ／架空社

ふしぎなことばをはなす2つの国が獲物をねらって戦いに。「サルビ！」「ビルサ！」をごいっしょに！なんだかおもしろくなってきます。

絵本で仲良くなる
はじめて出会ったひとたちと

はじめて訪れた場所で絵本を読むとき。読み手も聞き手もお互いにちょっと緊張している空気が伝わることがあります。聞き手は「これから、なにがはじまるんだろう……。この人、どんなひとかな？」とばかりに、こちらを見ています。『どどどどど』は、わたしが、はじめて出会ったひとたちに、いつも最初に読む絵本。「ブルドーザーがすすんでいくよ。よく見て、よく聞いてね」と語りかけ、読み方にもひと工夫！「どどどどど」「どどどど　どれみ」「どどどど　ふぁそら」……。ことばが音階で表現されているので、メロディーをつけて読みはじめると、聞き手に自然と笑みがこぼれます。園や小学校のクラスなど、聞き手が慣れ親しんだ集団の場合、数ページ目から笑いがおこったり、友だち同士で顔を見合わせたり、反応が次第に大きくなっていきます。けれども図書館のおはなし会や大人向けの講座など、互いに知らないひとが集まっている場所では、反応は大きくはなりません。

そこで、「どどどどど　れ」。断崖絶壁でブルドーザーが立ち往生した場面で「あっ！道がなくなってしまいました。このあと、ブルドーザーはどうするでしょうか？」と、あえて聞き手に問いかけると、聞き手から「バックしてもどる」「下にすすむ」などのこたえがかえってきます。ページをめくると……「みふぁみふぁ　そらそら」で、なんと空を飛んだブルドーザー。歓声があがります。こうなれば、しめたもの。次のページ「そらし　ど」で、壁にぶつかってしまったブルドーザー。こんどはどうなるかな？　「ずりずりっと落ちる」「また、バックしてとぶ」「壁をほってすすむ」……。さきほど以上にさまざまな想像がことばとなってかえってきます。さて、ブルドーザーはどうなるのでしょう。

物語絵本を読むとき、読み手が余計なことばを添えるのはスタンダードではありませんが、この絵本は特別。はじめてあったひとと仲良くなるために、途中であえて聞き手に問いかけ、やりとりしています。こうして、最初に聞き手とコミュニケーションをとっておくと、次の本もとってもよく聞いてくれるようです。

（豊嶋さおり）

『どどどどど』
五味太郎　偕成社

視覚支援

● 見やすい・わかりやすい

見やすい・わかりやすい

ことばや文字だけでは伝わりにくいことも、絵で示すと理解しやすくなります
絵本はもちろん、絵本以外にも、さまざまな視覚支援があります

抽象表現理解に挑戦

『あおくん と きいろちゃん』
レオ・レオーニ 作
藤田圭雄 訳　至光社

なかよしの「あおくん」と「きいろちゃん」。やっと出会えた二人はうれしくて、「みどり」になってしまいます。

① 見開き２画面
② ・色への興味をうながす
　・色あそびの導入に
　・〈色〉〈芸術（アート）〉テーマのおはなし会に

おすすめの読み方

(1) 見開き２画面の抽象表現に配慮し、指差しながら読むのがおすすめ。「あおくんです」と読みながら、「あおくん」を指差す。
(2) つぎのページの「あおくんの おうち」では、おうちのまわりを指差しながらなぞるようにすると、わかりやすい。また、「ぱぱ（指差し）と まま（指差し）と いっしょ」のように、指差しの箇所やタイミングは、聞き手の邪魔にならない程度に。
(3) 以降も、必要に応じて、指差しながら読みすすめる。

ポイント

★ 見開き２画面の絵本の場合、指差しによりポイントを定めてあげると聞きやすく、見やすくなるようです。また、集中力の持続にもつながります。
★ 横書きの絵本を指差しながら読む場合は、右手で絵本を持ち、左手で指差すとよいでしょう。聞き手の年齢や状態によっては、つぎの画面を自然にかくすこともできるので、流れもよくなります。
★ 横書き、見開き２画面の絵本を読む場合の指差しについては、p.41『かお かお どんなかお』のポイントにも、詳しく紹介していますので参考にしてください。

ペープサートもおすすめ

『ペープサート大百科』
阿部恵 著　ひかりのくに

おはなし会の気分転換や、聞き手とのコミュニケーションには、ペープサートもおすすめ。動かしていると、聞き手の視線が集まってきます。「だれのはな」は、いろんな動物の顔の一部が描かれたペープサート。くるくるまわすと顔全体が見える単純でわかりやすい作品で、あてっこして楽しめます。『ペープサート大百科』には、これを含む35作品が型紙付きで紹介されています。

小道具をつかって

『藤田浩子のおはなし小道具セット3』より「林の中から」
藤田浩子・小林恭子　一声社

おはなしを語るときや手あそび・うたあそびなどをするとき、視覚情報を加えると聞き手の理解や集中の助けになる場合があります。わらべうた「林の中から」の小道具は「林の中から　お侍がえっへんえっへん」につづき、お坊さんからおばけまで7人が順に飛び出すので、絵を見ながら手合わせあそびができます。裏面は別のおはなしになっており、シリーズ全6セットには小道具が盛りだくさん！

この絵本も おすすめ！

① ナンセンス絵本、1型、見開き1画面、あてっこ可
② ・〈ことば〉〈かたち〉テーマのおはなし会に
　　・おはなし会の気分転換、コミュニケーションに
　　※ 誤学習の可能性のある聞き手には要配慮。詳しくは、p.52のコラム「あらたな気付き」参照

『ふしぎなナイフ』
中村牧江／林健造 さく
福田隆義 え　福音館書店

どこにでもありそうな1本のナイフ。ページをめくると、あれあれ？「ふしぎなナイフ」が「まがる」「ねじれる」「われる」「ほどける」。見開きにひとつのことばと絵。その絵の様態変化が、ことばをみごとに表現していて、絵を見るだけでことばの意味がわかりやすく伝わります。

支援学級で読んだときには、あえて、「とける」など、ことばのいくつかをふせんでかくして、絵からことばを推測し当ててもらう展開にしてみました。すると、あちこちから「とけた」などと声があがり、大盛り上がり。
ただし、「ナイフ」が溶けるなんて、現実にはあり得ない、絵本の中の「ふしぎ」であることは、きちんと伝えるようにしましょう。

あらたな気付き

わたしたちの会では、病気や障害・発達障害の理解を目的に、年1～2回、専門家を招いての会員向けの研修会を行い、研鑽を積んでいます。また、発達支援活動の広がりを目指し、この研修会は一般の方も参加できる公開講座としています。（お招きした講師の紹介はp.90-91に掲載）

『怠けてなんかない！ ディスレクシア——読む書く記憶するのが困難なLDの子どもたち』の著者、品川裕香先生をお招きし、発達障害理解のための公開講座を行った際には、講演終了後、わたしたちの読み聞かせなどによる発達支援活動についての事例検討会にも同席いただきました。そのときの、品川先生のことばをいまも肝に銘じています。かずかずの事例についてアドバイスをいただいたのですが、なかでも『ふしぎなナイフ』（p.51参照）について、品川先生がこう言われたのです。「この本は、誤学習（p.92参照）の可能性があり、題材がナイフであるがゆえに、私ならば、発達障害の子どもたちに読む本としては選ばないでしょう」。ナイフにあらぬ興味を持ちかねないというのです。『ふしぎなナイフ』は、20年以上読み継がれている子どもたちに人気のナンセンス絵本で、さまざまな場所でよく読まれていることを知っているわたしたちには衝撃的なことばでした。以降わたしたちは、この本に限らず、ナンセンス絵本を読む場合には、現実にはあり得ない絵本のなかのふしぎなできごとであることを、聞き手に必ず伝えるようになりました。

誤学習を正すのも絵本

講師を務めたある講座でこの話をしたところ、終わったあとに、一人の女性がわたしに話しかけてくださいました。聞けば、発達障害のお子さんのお母さんだとのこと。その女性が言ってくれたことばもまた、深く胸に刻まれています。「発達障害の子は、絵本だけでなく、テレビなどのさまざまなメディアから誤学習してしまいます。でも、誤学習を正してくれるのもまた、絵本なんです……」そうだ！ 科学や写真絵本、歴史を描いた絵本など、正しい知識を学べる絵本もたくさんある！ このことをあらためて実感し、絵本の力への信頼をさらに深めた瞬間でした。 （豊嶋さおり）

〈しかけ絵本〉の本棚

いしかわこうじ しかけえほん 既3冊

『たまごのえほん』　『はなのさくえほん』

『みんな とぶよ！』
いしかわこうじ／童心社

ななほしてんとうからはじまって、はと、気球、ロケットまで。とび方によって、縦や横にページの広がり方が変わるよ！

『しかけえほん ちいさな みどりの かえるさん』
大日本絵画

たまごからかえったおたまじゃくしの成長とともに、池が四方八方へ広がるしかけに歓声があがります。

『やさいさん』
さく tupera tupera／学研プラス ☆

「やさいさん やさいさん だあれ」、土の中にかくれた野菜がとび出すしかけ絵本。「すっぽーん」のかけ声をごいっしょに！

『あおいふうせん』
作・絵 ミック・インクペン／訳 角野栄子／小学館

ふしぎなあおいふうせんを見つけた少年と犬の大冒険。ふうせんがぐーんと大きくなるしかけにびっくり！夢もふくらみそう。

『パパ、お月さまとって！』
エリック・カール さく／もりひさし やく／偕成社 ☆

モニカが「お月さまとあそびたい」というと、パパは長いはしごを高い山にかけてお月さまをとりに行きます。縦・横にひろがるしかけに注目！

紙芝居

『よいしょ よいしょ』
脚本・絵 まついのりこ／童心社

声を出して楽しむ紙芝居。「よいしょ よいしょ」たこさんやこびとさんがひもをひっぱると、なにが出てくるかな？ 最大4画面つながります。

紙芝居

『これは りんご』
脚本 中川ひろたか／絵 和歌山静子／童心社

「これはりんご」「これは りんごがすきなゴリラ」「……ゴリラのラッパ」とつづく、つみあげうたの紙芝居。横に並べながら読んでみよう！

おおきく広がる絵本や紙芝居は、子どもたちをひきつけます。同時に、ひろがった画面全体を視野を広げて引きで見なければならないので、視覚トレーニングにもなるようです。

五感を使って
多方面からの感覚支援　児童発達支援事業所での活動

　私たちの支援活動先のひとつに「しいのみ学園」があります。重複の障害のある未就学児童の母子通園施設です。聴覚・視覚・知的障害・身体障害など、特性はお子さんによってさまざまです。ふだんは数名の保育士さんと歌あそびや遊具を使っての身体あそびなどを楽しんでいます。おはなし会に行くようになった当初は、どうやったら子どもたちに絵本を楽しんでもらえるだろうかと手探りでしたが、試行錯誤しながらだんだんに楽しいおはなしの時間を届けられるようになってきました。そのエピソードのいくつかをご紹介します。

　子どもたちの好きなことのひとつに"音"があります。おはなし会の始まりには手回しオルゴールを回します。この音色には特別感があり、耳から入ってくる音に子どもたちがすっと集中していく様子が見られます。

　あるとき『カレーライス』を読んだことがありましたが、導入として、実際ににんじん、じゃがいも、たまねぎなどを複数用意しました。子どもたちはお母さんといっしょにうれしそうに触ったり、においをかいだりしていました。そのことがカレーライスの手あそび、パネルシアター、絵本をスムーズに楽しむことにつながりました。

　また梅雨の時期に『かさ さしてあげるね』を読みました。まずは読み手がそれぞれにお気に入りのかさを見せました。声がけをしながらかさを目の前でぱっと広げたり、すぼめたり、くるくると回したりと、子どもたちにかさへの興味をもってもらい、そのあとで絵本に登場する動物に合わせたいろいろな大きさのかさや雨粒の擬音などを楽しんでもらいました。

　私たちはしいのみ学園での活動を通して、障害のあるお子さんたちには五感を刺激する多方面からのアプローチが必要なことを学びました。少しの工夫で絵本の楽しい世界を共有することができるのです。ご家庭でも絵本とともに豊かな時間を過ごしてもらえるとうれしいです。

（谷口和恵）

『カレーライス』
小西英子 さく　福音館書店

『かさ さしてあげるね』
はせがわせつこ ぶん
にしまきかやこ え　福音館書店

体験・活動・あそびにつなげる

- 食べる
- のりもの・乗り物
- 自然・植物
- むし・昆虫
- どうぶつ・動物

食べる

食べることは、生きるために、いちばん大切なことだから、〈食べもの〉の絵本は、みんな大好き！

おいしそうで 食べたくなる

『サンドイッチ サンドイッチ』
小西英子 さく
福音館書店 ☆

サンドイッチ作ろう！「ふわふわパンになに のせる」？ レタスにトマト……。食べたくなったら作ってみよう。

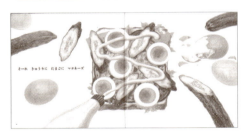

① 1型、参加可、見開き1画面
② ・食べもの、調理への興味をうながす
　・〈食べもの（野菜）〉テーマのおはなし会に
　・調理前の導入として

おすすめの読み方

⑴ 最初のページで「サンドイッチ サンドイッチ さあ つくろう」と呼びかけ、聞き手の興味を引きだす。
⑵ 「はじめに バターを たっぷり ぬって」の場面では、読みながら、パンにバターを塗るまねをしてみせるのもよい。
⑶ 「レタス」「チーズ」「ハム」などの具がつぎつぎ登場。たとえば「まっかな トマトも おいしそう」のあとに、「トマトは切ってのせようね」などと、読み手が言葉をはさむなどして、聞き手とやりとりしながら読むのも楽しい。
⑷ 「マヨネーズ」をかけるまねをしたり、「さいごにパンを もういちまい」の場面で、パンを手でのせるまねをしたりすると、臨場感がでる。
⑸ できあがってお皿に盛られたサンドイッチの場面を、聞き手の前に差し出し、読み手がサンドイッチを渡すまねをすると、子どもはよろこんで食べる仕草をするので、可能なかぎり全員のところをまわるのがおすすめ。

ポイント

★ 大型絵本もおすすめです。お皿に盛られたおいしそうなサンドイッチの絵に迫力があります。
★ 読みながら聞き手とやりとりする場合は、しつこくならない程度にしましょう。
★ できあがったサンドイッチの切り口を指差しながら、はさんだ食材を順番にふり返るのもよいでしょう。子どもたちは積極的にこたえてくれます。

おかずを とりかえっこ

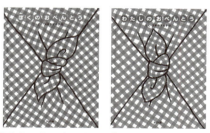

『ぼくのおべんとう』 『わたしのおべんとう』
さく スギヤマカナヨ
アリス館

『ぼくのおべんとう』を開くと、見開きいっぱい、おかずもだくさん入ったのり弁当。『わたしのおべんとう』はサンドイッチ。「いただきまーす」。あれあれ？ 食べた分だけ中身が減っていきます。読み手2人で並んで、交互に読むのがおすすめ。お箸とフォークを持って演出すると、「ミートボール」と「からあげ」をとりかえっこする場面もリアル！ 最後はいっしょに「ごちそうさまー」。

葉っぱを見て わかるかな？

『どんどこ どん』
和歌山静子 作
福音館書店

地面の下で元気に育つ野菜たち。まず目に飛びこむのは、地面の上の葉っぱ。「どんどこどんどこ」のかけ声で野菜が「どん！」。くり返して現れる野菜に子どもたちは大よろこび。

食べると どんな音がする？

『おいしい おと』
三宮麻由子 ぶん
ふくしまあきえ え
福音館書店

ほうれんそうのおひたし「ズック ズック……」、春巻きは「カコッ ホッ カル カル カル」、食べるときの"音"を味わえる絵本。食事が楽しくなりそうです。

この絵本も おすすめ！

① 1-2型、あてっこ可
② ・食べもの、調理への興味をうながす
・〈食べもの（野菜）〉テーマのおはなし会に
・おはなし会の気分転換、コミュニケーションに
・調理前の導入として

『いろいろ じゃがいも』
山岡ひかる くもん出版

じゃがいもたちが、いろんな料理に大変身。「じゃがじゃが じゃがいも なにに なる？」「すっとん とととん じゃーわじゃわ」。
支援学級の子どもたちに読んだときには、あてっこしながら楽しみました。「すっとん とととん」と包丁で切って、「じゃーわ じゃわ」は？ そう！ 油で揚げてるね。なんの料理になったかわかる？ と問いかけると、一斉に「わかった！ フライドポテト！」の声。
テンポよいことばにのって、気持ちもはずむおいしい絵本。調理への関心も深まります。

『いろいろ ごはん』 『いろいろ たまご』

調理すること・食べること

「食べること」は、生きていくために必要不可欠なこと。だから、子どもたちは食べものの絵本が大すき。見て、読んで、おいしい絵本がたくさんあります。そして、おいしく食べるためには、だれかがお料理してくれていることにも、幼いうちから興味をもってもらいたいものです。

印象深いできごとがあります。当時、特別支援学校の高等部に通っていた姪が、ある日、夕飯のおかずを一品つくってくれるというので、ちょっと心配しながら見守っていると、姪が取り出したのは、レシピと作り方、食材がセットになった市販の料理キット。これなら一人でも作れるというのです。キットに添付のレシピに書いてある、必要なほかの食材も用意して、調理スタート。野菜の切り方だけは母親にたずねていましたが、あとはレシピ通り、キットに入っていたお肉を炒め、切った野菜を入れ、付属のタレを入れて……。おいしそうな炒め物ができあがりました。このときわたしは、姪の姿に感心すると同時に一冊の絵本を思い出していました。それが『おやまごはん』です。

「だいどころで ほうちょうさんが うたってる。たん たん たた たん たた たた たん あかいの、なあに？」聞き手の子どものこたえを待ってからページをめくると「あたった！ にんじんさんよ。」……「ピーマン」「たまねぎ」も登場し、冷蔵庫からハムとバターも飛び出して、みんないっしょにフライパンの上で「ヤーッ パチパチ！」。ごはんに、しおとこしょうも飛んできて……「ポン！」「おやまごはん できあがり！」。調理過程がわかりやすく描かれた『おやまごはん』は、まるで料理キットのよう。

『おやまごはん』
西内ミナミ さく　和歌山静子 え
偕成社

忘れてならないのは、姪がまだ小学生のころからずっと、両親や祖母が料理するのを見て育ち、お皿やお箸を出したり、野菜を切ったり、炒めたりなどのお手伝いをしてきた経験があるということ。自立した大人になるための準備を、子どものときから長い時間をかけて続けてきたんだなと、感慨もひとしお。それから「やっぱり絵本ってなんてすばらしい！」と、内心、勝手に盛り上がっていたわたしなのでした。

（豊嶋さおり）

〈おいしい〉の本棚

『くだもの』
平山和子 さく／福音館書店
「すいか」「さあ どうぞ。」つぎつぎ出てくるみずみずしいくだものに、赤ちゃんも自然に食べるまねをします。

『おにぎり』
平山英三 ぶん
／平山和子 え
／福音館書店

平山和子さんが描く食べものは、緻密で美しく、本物そっくり。どれもとってもおいしそうで、思わず手をのばしたくなります。『やさい』、『いちご』もおすすめです。

紙芝居

『ごきげんのわるいコックさん』
脚本・絵 まついのりこ／童心社 ☆
「ごきげんなおして おいしいものをつくって コックさーん」呼びかける子どもたちの願いを聞いてくれるかな？ 参加型紙芝居。

『しろくまちゃんのほっとけーき』
わかやまけん／こぐま社
材料まぜて、フライパンへ。「ぴちぴちぴち ぷつぷつ やけたかな」。読んだあとに作って食べたら、もっと楽しいね。

『ぽん ちん ぱん』
柿木原政広 作／福音館書店
食パン、あんぱん、フランスパン。「ちぎちぎ ぱっぱ」で穴をあけると、おいしい笑顔のできあがり。さあ、声に出して「ぽん ちん ぱん」！

『パン どうぞ』
彦坂有紀　もりといずみ／講談社
絵本をひらくとやわらかいパンのいい香りがしてくるようです。木版画で表現された焼きたてのパンがみごとです。

『やさい もぐもぐ』
さく・え ふくざわゆみこ／ひかりのくに
表紙にのっている野菜が「トマト すぱっ」「キャベツ ざくっ」リアルな擬音でカットされていろんな料理になるよ。あなたは「どれがすき？」

『きょうのごはん』
加藤休ミ／偕成社
いろんなおうちの晩ごはん。さんまにカレー、「おとなりからも いいにおい。」見開きいっぱい！ リアルでおいしそうなごはんの連続です。

食べものの絵本は、いつでもどこでも大人気！おいしく食べるってとってもしあわせな時間だってことも、存分に味わってくださいね。

のりもの・乗り物 知識・かがくの絵本

知識・かがくの絵本は、子どもの好奇心を育て、活動やあそびを豊かにしてくれます
〈乗り物〉が好きな子の興味を絵本で広げてあげましょう

山の駅から 海の駅まで

『でんしゃで いこう でんしゃで かえろう』
作絵 間瀬なおかた
ひさかたチャイルド ☆

「やまのえき」から「うみのえき」まで「デデン ドドン」トンネルぬけて、でんしゃははしる。行きも帰りも楽しめます。

① 穴あきしかけ絵本、1-2型、見開き1画面
② ・乗り物、電車への興味をうながす
　・電車の音を楽しむ目的で
　・〈乗り物〉〈季節（春）〉テーマのおはなし会に

おすすめの読み方

(1)「やまのむら。」「デデン ドドン」「やまの むらをでんしゃは いくよ。」 読み手が2人いる場合、「デデン ドドン」などの電車の音と、文とを2人で読み分け、電車の音が途切れないよう演出しながら、電車の音にかぶせるようにして文を読むと、走り続けている感じがでて、臨場感が増す。1人で読む場合も、電車の音を少し長めに、くり返して読むと雰囲気が出る。

(2)「トンネル」には穴があいていて、ページをめくると、電車はトンネルに入り「ゴー」。かぶせるように「トンネルを ぬけるとー」と読むのがおすすめ。

(3)「のはら」「トンネル」以降も、同様に読みすすめる。

ポイント

★「やまのえき」から「うみのえき」へ行くあいだに、季節は冬から春へと移ります。また、電車がトンネルに入るたびに乗客の様子が変わるので、絵はじっくりと見せましょう。

せんろを つなごう

『せんろはつづく』
竹下文子 文　鈴木まもる 絵
金の星社 ☆

「せんろと せんろ」もっとつなごう。山があったらトンネル掘って、川があったら鉄橋かけて、道があったら踏切つくろう。線路はどんどん長くなり、最初の線路につながった！ 線路をつないだり描いたりしたくなります。

〈のりもの〉の本棚

『バルンくん』
こもりまこと さく／福音館書店

バルンくんは小さなスポーツカー。いつでも元気に「バルバルーッ」と走ります。楽しげな音や、仲間の車に幼い子もくぎづけ！

『ずかん・じどうしゃ』
山本忠敬 さく／福音館書店

細やかでありながら、あたたかみのある描写が、車好きの子どもたちを魅了します。自動車の絵の第一人者による種類別じどうしゃ図鑑。

『おたすけこびと』
なかがわちひろ 文／コヨセ・ジュンジ 絵／徳間書店

ブルドーザーなどの、はたらく車を使っておおぜいのこびとがつくったものとは？ コヨセさん作『こうじのくるま』（WAVE出版）もぜひ！

『がたん ごとん がたん ごとん』
安西水丸 さく／福音館書店

「がたん ごとん」とはしる機関車のリズムと「のせてくださーい」のくり返しに、赤ちゃんも大よろこびののりもの絵本です。

『でんしゃにのって』
とよたかずひこ／アリス館 ☆

うららちゃんが「ここだ」駅まで電車に乗ると「わにだ」駅で乗ってきたのはワニ。つぎの駅は「ぞうだ」です。だれが乗るのかワクワクです！

『でんしゃは うたう』
三宮麻由子 ぶん／みねおみつ え／福音館書店

「たたっ つつっつつ どどん」電車に乗ると聞こえてくるさまざまな音を、リアルな擬音で表現。車窓から広がる奥行きのある絵も魅力的。

紙芝居

『でんしゃがくるよ』
脚本・絵 とよたかずひこ／童心社 ☆

お父さんといっしょに電車を見にきた。「カン カン カン カン……」「くるよ くるよ でんしゃがくるよ」。電車がすきな子の共感をよぶ紙芝居。

『うごかせ！ のりもの』
鎌田歩／教育画劇

のりもの絵本で定評のある著者のしかけ絵本。8種類ののりものが登場します！

のりものがすきな子がたくさんいます。『しょうぼうじどうしゃ じぷた』や『いらずらきかんしゃ ちゅうちゅう』（ともに、福音館書店）などのロングセラーののりもの絵本は、いまも色あせることなく、のりものがすきな子の心を魅了します。

自然・植物 知識・かがくの絵本

自然界にはふしぎがたくさん
ふしぎを見つけたら、自然といっしょに遊ぶのが何倍も楽しくなるよ

驚きと発見がたくさん！

しぜんにタッチ！シリーズ
『みかんのひみつ』
ひさかたチャイルド

冬の代表的なくだもの、みかん。一房の粒の数っていくつ？ すじや、へたのひみつって？ 驚きがいっぱいの、みずみずしい写真絵本。シリーズも豊富。

① がかく絵本、写真絵本
② ・自然への興味をうながす
　・身近な果物への興味をうながす
　・〈冬〉〈食べもの〉テーマのおはなし会に

おすすめの読み方

(1) 「だいだいいろに まるい ぷつ ぷつ。」「これ なーんだ？」と読みはじめると、聞き手から「みかん」とこたえがかえってくるので、以降も参加をうながしながら読みすすめる。
(2) みかんの房のふくろのなかは「おいしそうな だいだいいろの み」の場面では、「さて、この実をばらばらにしたら、つぶはいくつあったでしょう？」などと問いかけ、考えてもらうと聞き手の興味が増す。たとえば、「では、200つぶより多いかな？ 少ないかな？」と声がけし、どちらかに手を上げてもらうのも楽しい。ページをめくり「ぜんぶで270つぶいじょう」と読むと、驚きの歓声があがる。
(3) 聞き手とやりとりしながら読むのがおすすめ。

ポイント

★ みかんのなかまがたくさん載っているページでは、どのみかんが好きか、食べたことはあるかなどについても話題にするとよいでしょう。

しぜんにタッチ！シリーズ

『はるの くさばなあそび』

『かたつむりの ひみつ』

『おちばで あそぼう』

まつぼっくりって すごい！

『びっくり まつぼっくり』
多田多恵子 ぶん　堀川理万子 え
福音館書店

まつぼっくりには、ふしぎがいっぱい。種がくるくるダンスするし、雨の日には「しょんぼり」閉じちゃいます。巻末に、手品「びっくり びんづめ まつぼっくり」の作り方も載っているので、ぜひ、挑戦してみて！

〈自然・植物〉の本棚

『あしたの てんきは はれ？ くもり？ あめ？』
野坂勇作 さく／根元順吉 監修／福音館書店

雲やおひさまや風のむきをよく見るとお天気博士になれるかも！ 絵本で天気のあてっこをしたら、明日の天気もあててみよう。

『にゅうどうぐも』
野坂勇作 さく／根元順吉 監修／福音館書店

夏の空に白い雲がむくむくわいて大きくなったら、それは入道雲。近づいてきて雷を呼ぶ風が吹くと天気は大荒れ！ 入道雲のひみつを知ろう。

『おかしなゆき ふしぎなこおり』
写真・文 片平孝／ポプラ社

雪や氷の美しい写真絵本。どうしてこんな形になったの？ ふしぎでおもしろい形がたくさん。「ふゆが きたら、さがしてみよう。」

『いっしょだよ』
小寺卓矢 写真・文／アリス館

森の中で共に生きるいのちについて、緑かおる美しい写真で伝えます。草は水と、種は風と、むしは花と。ずっと「いっしょ だよ」。

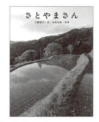

『さとやまさん』
工藤直子 文／今森光彦 写真／アリス館

小川や田んぼや畑に野原。元気が出る詩と生き生きした写真でつづられる里山の四季。いのちが輝き、息づいています。

『ばけばけはっぱ』
藤本ともひこ／ハッピーオウル社

「いるよ いるよ はっぱのなかに だれかが いるよ。」秋がきたら、落ち葉や木の実を集めていろんなものを作ってみよう！

『ひまわり』
和歌山静子 作／福音館書店

小さな種から、自然の中で「どんどこ どんどこ」と成長するひまわり。「どんどこ どん」で大きく咲いて、また、種ができました。

『さくら』
長谷川摂子 文／矢間芳子 絵・構成／福音館書店

一本の桜の木の春夏秋冬を精緻な絵とリズムの心地よい文で描きます。桜の表情はどれも美しく、めぐる春、花が咲くさまは、まさに「みごと！」。

『あさがお』
荒井真紀 文・絵／金の星社

あさがおの一生を精密に描いた絵本。同作者の『ひまわり』、『たんぽぽ』もおすすめです。

むし・昆虫 知識・かがくの絵本

〈むし〉が好きな子に手渡したい絵本がたくさんあります
読めば、昆虫博士になれるかも。〈昆虫〉に関心のない子の興味も広げてくれます

迫力満点！

『だれだか わかるかい？ むしのかお』
今森光彦 ぶん・写真
福音館書店

つぎつぎに登場する昆虫のかおのアップ写真。どのかおも、とっても個性的！ だれのかおだか、わかるかな？

① かがく絵本、1-2型、あてっこ型、見開き2画面
② ・昆虫への興味をうながす
　・昆虫の特徴や生態の学習の際に
　・〈虫〉テーマのおはなし会に

おすすめの読み方

(1) 最初のページから、虫のかおのクローズアップ写真と、「ぼくが だれだか わかるかい？ くさはらに すんでいて、ピョーンと はねて……」のことば。写真をじっくり見せながら、あてっこ参加をうながす。
(2) ページをめくると「ぼくは トノサマバッタ。」前のページのこたえを写真と解説文で確認。
(3) 以降、同様にあてっこしながら読みすすめる。（抜粋も可）

ポイント

★ 蝶やクモなども登場します。虫のすきな子、苦手な子、それぞれの気持ちを尊重しましょう。
★ こたえのとなりのページに、つぎの虫のかおが出てくるので、紙でかくすなどするとよいでしょう。

この絵本も おすすめ！

① かがく絵本、見開き1画面
② ・昆虫への興味をうながす
　・かぶとむしの飼育の際に
　・〈虫〉〈夏〉テーマのおはなし会に

『新版 かぶとむし かぶとむしの一生』
得田之久 ぶん・え　福音館書店

夏がくると、子どもたちは、かぶとむしに夢中。かがく絵本は、そのとき、その季節の子どもの関心を、驚きとともに見事にふくらませ、体験やあそびを豊かに広げてくれます。5歳児のクラスで、この絵本を紹介すると、とくに、かぶとむしがすきな子が、身をのりだして「知ってる！」「飼ってる！」などと大興奮。虫に関心のなかったまわりの子の興味も広げてくれたようです。本物の虫は苦手でも本なら大丈夫！ という子もいます。

擬音と絵で
むしのあてっこ

『てん てん てん』
わかやましずこ さく
福音館書店

赤い画面に黒い丸が「てん てん てん。」ページをめくると「てんとうむし。」リズミカルなことばがここちよく、はっきりした絵がわかりやすい、赤ちゃんのためのむしの絵本。

むしって
いっぱいいるんだよ

『むしとりにいこうよ！』
はたこうしろう
ほるぷ出版

「ぼくも むしとり つれてって！」おにいちゃんは虫とりの天才です。小さなしげみに木のうら、石のかげにも、身のまわりにいるたくさんの虫。どうしたら見つけられるかな？

生きものを
音で表現

『てんとうむし ぱっ』
文 中川ひろたか
写真 奥田高文　ブロンズ新社

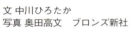

「てんとうむし」がページをめくると「ぱっ」と飛んだ！ だんごむしは「ころん」、しゃくとりむしは「にゅっ」。チューリップやかえるの音ってどんなふう？ 愛らしい写真絵本です。

力強い姿
迫力満点！

『とべ バッタ』
田島征三
偕成社 ☆

いつ食べられるかと、おびえて生きていた小さなバッタは、ある日決意します。自分のからを破って広い世界に飛び立つバッタに、聞き手の心も解放されます。大型絵本がおすすめ！

この絵本も おすすめ！

① かがく絵本
② ・昆虫への興味をうながす
　・昆虫の特徴や生態の学習の際に
　・〈虫〉テーマのおはなし会に

『ぼく、だんごむし』
得田之久 ぶん
たかはしきよし え
福音館書店

だんごむしは、子どもたちに大人気ですが、その生態は意外と知られていません。実はエビやカニの仲間。主食は落ち葉。でも、ときどきコンクリートも食べるんですって！
5歳児のクラスでこの絵本を読むと、子どもたちは好奇心いっぱい。「わーっ！」「えーっ！」と声をあげたり、なにやらつぶやいたり……。読み終わるとすぐに絵本を手にする姿があります。『ダンゴムシ みつけたよ』も合わせてどうぞ！ ふ化や脱皮の瞬間などが写真で紹介され、まさに驚きの連続です。

『ダンゴムシ
みつけたよ』
皆越ようせい 写真・文
ポプラ社

どうぶつ・動物 知識・かがくの絵本

知識・かがくの絵本には、驚きと発見がいっぱい！
図鑑だけでは知ることができない、生きものの特徴やくらし、生態がわかるよ

数をかぞえてみよう

**『ライフタイム
いきものたちの一生と数字』**
ローラ・M・シェーファー ぶん
クリストファー・サイラス・ニール え
福岡伸一 やく　ポプラ社

生きもの一生にかくされた数のふしぎをグラフィカルな絵で表現したユニークなかがく絵本。驚きと発見の連続です。

① 1型、参加可、見開き1画面
② ・生きものへの興味をうながす
　・〈動物〉〈数〉テーマのおはなし会に

おすすめの読み方

(1) 冒頭の著者のことばが導入として大事な部分なので、ていねいに読む。
(2) 見開きいっぱいの「クモ」に関する数についてのページは、絵をじっくり見せながら読む。
(3) 「トナカイ」以降は、数字をふせんでかくすなどして、それぞれの生きものに関する数字を聞き手に予測してもらいながら読むのがおすすめ。（抜粋も可）

ポイント

★ 場合によっては、画面を見せずに「トナカイのつのは、一生の間に何回、はえかわるでしょう？」、「○○回より、多いかな？ 少ないかな？」などと問いかけ、どちらかに手をあげてもらってから絵を見せ、数字を確認するのもよいでしょう。

この絵本も おすすめ！

① 1-2型、見開き1画面
② ・生きものへの興味をうながす
　・〈動物〉テーマのおはなし会に

『実物大！ 世界のどうぶつ絵本』
ソフィー・ヘン 作
藤田千枝 訳　あすなろ書房

動物のほんとうの大きさがわかる絵本。甲羅の幅6ミリのカクレガニから、大きいもので18メートルにもなるダイオウイカまで、全22種のさまざまな生きものが登場します。ホッキョクグマの手とハイタッチしたり、ベンガルトラみたいにほえてみたり……。
こども病院の病室で、小学生の男の子とこの絵本を読んだときには、巻末の動物の大きさくらべまで会話がはずみました。「キリンは、この本18冊分の高さ」なんだって！

〈どうぶつ〉の本棚

薮内正幸さんの数々の作品は、生きものに向ける優しいまなざしが、写実的な絵のなかにあふれています。かがく・動物絵本の入門として世代をこえて、長年親しまれています。

『しっぽのはたらき』
川田健 ぶん／薮内正幸 え／今泉吉典 監修／福音館書店 ☆
しっぽが持っているいろんな役割。つかむ・飛ぶ・支える・バランスをとるなど、それぞれの動物のしっぽの働きは興味深くておもしろい！

『どうぶつのおやこ』
薮内正幸 画／福音館書店

『どうやって ねるのかな』
やぶうちまさゆき／福音館書店

写真絵本が描きだすすべてのもののありのままの姿に心をうばわれます。写真だからこそ伝わる世界があります。

『いいおかお』
文 さえぐさひろこ／アリス館

『ねんね』

動物たちの愛くるしい表情が満載。見ているだけで、思わず笑みがこぼれます。「にこにこ写真えほん」シリーズ。

『いる いる だあれ』
岩合日出子 ぶん／岩合光昭 しゃしん／福音館書店
「くびが ながい せが たかい とおくをみてる」「だあれ」。動物のシルエットを見てあてっこする写真絵本。こたえは動物の親子の写真です。

『たまごのあかちゃん』
かんざわとしこ ぶん／やぎゅうげんいちろう え／福音館書店 ☆
「でておいでよ」とよびかけると、たまごから動物の赤ちゃんたちがつぎつぎに生まれます。リズムと擬音、ゆかいな絵が幼い子を魅了します。

『かくれんぼ どうぶつえん』
今森光彦 切り絵／石津ちひろ 文／アリス館
自然写真家、今森光彦さんの切り絵による動物あてっこ絵本。ことばあそびの名士、石津ちひろさんのリズミカルな文も魅力。切り絵型紙付き。

『どうぶつ たいじゅうそくてい』
文 聞かせ屋。けいたろう／絵 高畠純／アリス館
上野動物園に取材に行き、実際に体重を量るところを見せてもらってつくった絵本だそうです。『どうぶつしんちょうそくてい』もおすすめ。

〈身のまわり〉の本棚

身のまわりのものすべてに役割（使いかた）と名前があることを知る。それは、認識とことばの獲得のための最初の一歩です。幼い子が、自分がいつも目にしているものを、絵本のなかに見つけたとき、その一歩がはじまります。

もののえほん いちにち 全3冊

『ごはん たべよ』　『おでかけしようか』　『おやすみなさい』

ぶん 大阪YWCA千里子ども図書室／え 大塚いちお／福音館書店

赤ちゃんが毎日の生活で目にするものを、見開きにひとつずつ、簡潔なことばと柔らかいタッチの絵で表現。シンプルでわかりやすい認識の絵本。

かがく絵本にはあそびがいっぱい！日常生活のなかにあるもの・ことのなかに驚きやふしぎをみつけたら、知りたい気持ちがふくらんで、自分でもやってみたくなります。

『じゃぐちをあけると』　　『どろだんご』

しんぐうすすむ さく／福音館書店

「じゃぐちをあけると みずがでる」「たきのトンネル」「うちゅうせん」……。水あそびって楽しいね。実際にやってみたくなります。

たなかよしゆき ぶん／のさかゆうさく え／福音館書店

どろあそびの定番。どろを固めてかわいた砂をまぶし、にぎってにぎって、ピカピカにひかるどろだんごをつくろう！

『まほうのコップ』　　『まちには いろんな かおが いて』　　『デザイン あ あなのほん』

藤田千枝 原案／川島敏生 写真／長谷川摂子 文／福音館書店

「たねもしかけもありません」。コップに水を入れて、後ろにものを置くと……あれあれ？ 形が変わる！ 自分でも試してみよう。

佐々木マキ 文・写真／福音館書店

視点をちょっと変えると、見なれたマンホールのふたや家のかべが顔に見えてくるよ！ あなたの町にあるおもしろい顔を探してみよう。

小学館

「なんの あな？」と、★マーク。ページをめくると、「マヨネーズ」。見なれているものでも、「あな」だけ見ると意外とむずかしい！

『わたし』
谷川俊太郎 ぶん／長 新太 え
／福音館書店

わたしにはいろんな立場がある。むすめ、まご、近所の子、生徒、はたまた知らない子。「わたし」って、だれだろう？

『みんなうんち』
五味太郎 さく／福音館書店 ☆

おおきいうんちに、ちいさいうんち、いろんな場所で、いろんな色や形のうんち。「いきものは たべるから みんな うんちをするんだね」。

『おなら』
長新太 さく／福音館書店

人間も動物もおならをします。どうしておならがでるの？ おならのひみつをユーモアたっぷりに解説。がまんしないでどんどんだそう！

『光の旅 かげの旅』
アン・ジョナス／訳 内海まお
／評論社

明け方、家を出発。街について太陽が沈んだら、今度は本を逆さまにして後ろから読むとかげの旅に。風景ががらりと変わる不思議な絵本。

『このあいだに なにがあった？』
佐藤雅彦＋ユーフラテス
／福音館書店

推理するおもしろさを味わえる写真絵本。2枚の写真の間に起こったできごとを想像してからページをめくってね！ 間の写真が出てくるよ。

『このよで いちばん はやいのは』
ロバート・フローマン 原作／天野祐吉 翻案／あべ弘士 絵／福音館書店

ダチョウ、うさぎ、新幹線、飛行機や音よりもはやい光。でも、このよにはもっとはやいものがある。それは、意外なものでした。

『おおきくなるっていうことは』
中川ひろたか 文／村上康成 絵／童心社

入園式、入学式、みんなから「おめでとう！ おおきくなったね」と言われるとうれしい。おおきくなるってどういうこと？

『あおのじかん』
イザベル・シムレール 文・絵
／石津ちひろ 訳／岩波書店

夕日がしずみ暗くなるまでの少しの時間、世界は青いベールに包まれる。そこに息づく動物たちのようすをのぞいてみませんか？

身近にあるものや現象、それまで気にもとめなかったことのなかにあらたな発見をすることは子どもにとって大きなよろこびです。あそび心にあふれた知識の絵本は、創造性・想像力を育みます。

写真絵本(ノンフィクション絵本)を読む
児童心理治療施設併設の小・中学校分校で

『まなぶ』

松本市立女鳥羽中学校あさひ分校のおはなし会のなかで、長倉洋海さんの写真絵本『まなぶ』を紹介しました。

生徒さんたちは、「まなぶ」という言葉に最初は警戒気味でした。しかし、「地面にわらを敷き詰めた教室で勉強するパプアニューギニアの子どもたち」、「学校まで2時間の山道を通うアフガニスタンの子ども」……など、どんな環境におかれていても、勉強がしたくて目をきらきらさせている子どもたちの写真に、生徒さんたちは次第に惹きつけられていきました。そして「あ、遊牧民だからここはモンゴルじゃない?」など積極的な声もあがるようになりました。

おはなし会の最後には、シリーズの『いのる』『はたらく』も紹介し、手に取ってもらえるよう学校に置いてきました。後日、先生から「素敵な本でした。大変な思いをしている生徒たちですが、日常のささやかな幸せを少しでも感じてくれたらと思います」と感想を寄せていただきました。

(伊藤深雪)

『まなぶ』
長倉洋海　アリス館

『どんぐりころころ』

松本市立岡田小学校あさひ分校のおはなし会に行くようになり、今年で9年目を迎えます。最初はどのようなプログラムにしたらいいのかわからず、戸惑うことばかり。子どもたちのなかには、手あそびや、皆と声をあわせることや、素話で昔話を聞くことが苦手な子もいました。しかし、紙芝居や絵本は子どもたちの反応がよく、そのなかでもかがく絵本には興味深く、皆が関心を寄せてくれました。

しぜんにタッチ!シリーズ
『どんぐり ころころ』
ひさかたチャイルド

『どんぐりころころ』を読もうとしたとき「あ! ぼく、この絵本すき」とつぶやきがきこえ、うれしくなりました。この美しい写真絵本を見て、秋になると身近に感じていたどんぐりに、こんなにたくさんの種類があることに驚いたようです。ページをめくるたびにそれぞれが「これ見たことあるのだ!」などと話したり、動物たちがどんぐりを食べている場面や、見開きのどんぐりのシルエットも気になるようでした。自然の豊かさや大切さを、絵本からも伝えていきたいです。

(古川奈保子)

いのちの絵本

- 支援の必要な子どもたちのための本展
- 学校巡回展
- いのちの授業
- いのちの絵本
- 点字絵本・さわる絵本
- その他の読書支援

支援の必要な子どもたちのための本展

病気や障害への理解を深めるための約 200 冊の本の展示貸出事業
学校・病院・図書館・地域向けに「心・身体・いのち」をテーマに

A コースから

「発達と障害を考える本」シリーズ
内山登紀夫 ほか 監修
ミネルヴァ書房

さまざまな障害のあるおともだちの行動と、対応の仕方を具体的に紹介。理解を深め、助け合って生きるためのわかりやすい本。「新しい 発達と障害を考える本」シリーズも刊行されています。

C コースから

『かみさまからのおくりもの』
ひぐちみちこ
こぐま社

赤ちゃんに天使が運ぶおくりもの。ほっぺのあかい赤ちゃんには「よくわらう」。泣いている赤ちゃんには「やさしい」が届きます。いのちの誕生をよろこび、その成長を願う心があふれる絵本です。

B コースの本は p.77、p.78 に紹介

これまでの展示場所

- こども病院の病院祭
- 公共図書館でのロビー展示
- 小学校、中学校、特別支援学校
- 会主催の公開講座、市の教育関係イベント など

本展の内容

A コース　障害・発達障害の子どもやその家族を理解するための本
B コース　病気の子どもやその家族を理解するための本
C コース　病院、特別支援学校（学級）の子どもたちに喜ばれた本

　※ 貸出料:（展示本の補修・交換、備品・消耗品費）
　　　1 コース 2,000 円　全コース 5,000 円
　　　3 コースより抜粋の場合 3,000 円
　※ 配送希望の場合は、送料別途実費
　※ 貸出期間応談
　※ 授業や講座については、別途応談（有償）

会場におけるワークショップについて

こども病院祭や公共図書館でのロビー展示など、会員がスタッフとして参加する場合、ワークショップを同時開催しています。まず、来場者にオリジナルの「しりとり絵本」の読み聞かせをして、そのあとに子どもが「しりとり絵本」のミニ本づくりをしているあいだ、保護者の方に展示をゆっくりと見てもらいます。

展示会場の様子

どの会場においても、日ごろ目にしない内容の絵本や読みものを興味深げに手に取って読む姿が多く見られます。とくに、さわって楽しめる点字の絵本（p.80 に紹介）などは、お子さんに人気があります。親子で絵本を見ながら、病気や障害への理解を深めようとする姿が印象的です。

学校巡回展 いのちの本展 〜みんないっしょに生きている〜

子どもたちに もっと身近なところで「心・身体・いのち」のことや
障害のある人、病気の人への理解を深めてもらうための 学校向け特別展示貸出

これまでの展示場所
・小学校、中学校、特別支援学校
　2013〜2019年　のべ36校で展示
・会主催の公開講座

本展の内容
「支援の必要な子どもたちのための本展」より抜粋した絵本に、あらたに、いのちをテーマに厳選した絵本を加えた 約130冊と、先生向け（職員室展示用）に30冊ほどの障害・発達障害に関する専門書をセット。

　※ 児童・生徒への個別貸出は不可。

絵本は4つのテーマに分類
・きもち
・大切なひとりひとりのいのち
・病気の子どもたち
・あなたのまわりのいろいろな人

　※ 貸出無料（配送希望の場合は、送料別途実費）
　※ 貸出期間応談
　※ ブックスタンドや本立てなど必要な備品もセット
　※「いのちの授業」は、有償（交通費・資料作成費）

展示の様子

学校の昇降口や職員室の前、渡り廊下など、子どもたちの立ち寄りやすい場所に展示してもらいます。日ごろあまり目にしないジャンルの本なので、興味をもって見てくれます。とくに、点字つきの『さわるめいろ』（p.80に紹介）などは人気があり、目をつぶって手でなぞったりする姿が見られます。本展にあわせて「いのちの授業」を受けたあとは、紹介された本を競うように読んでいるとの報告もあります。発達障害の子が主人公の絵本などにも関心が高いようです。

いのちの授業 〜いのちの本展 ブックトーク〜

絵本を通して いのちのことを考えてみませんか？ そこには「いのち」を考えるヒントがあります。そして、まわりの人にも目を向けてみましょう

これまでの実施校

- 小学校、中学校
  2013〜2019年　のべ17校、31時間実施

いのち授業の内容

- 「いのちの本展」展示絵本のブックトーク
- 「いのちの本展」貸出校のうち要望のある学校にて
- 依頼のあった学年ごとにプログラムを立て、1時間の授業のなかで、8〜10冊を紹介
- 全文を読んだり、大切なところを抜粋して紹介

いのちの授業をおこなって

授業で絵本を紹介することで、より多くの子どもたちが展示の本に興味を示してくれます。

身体のことやいのちについて、絵本はいちばん大切なメッセージが心に届くように、シンプルなことばで教えてくれます。通常の学級の子どもたちは、日常的には障害のあるお子さんや病気のお子さんに接することが少ないのが現実です。私たちが多様ないのちに関する絵本を紹介することで、いろいろな気づきがあるようです。

あるとき、「ぼくのおねえちゃんも重い障害があって、ずっと車椅子なんだ」と話しかけてくれた生徒さんがいました。ふだんはなかなか言えなくても、みんなのいのちが肯定されているというメッセージを受けとってくれたからだと思います。どの子にも、自分も含めたすべての人に大切ないのちがあるということを理解し、それを尊重できる人に育ってほしいと願っています。

授業の最後に、紹介した本が印刷されたミニ本を渡しています。家に持ち帰って、紹介された本をふりかえりながら、家族でいのちのことを話すきっかけになればうれしいです。

（ミニ本の一例を次のページに掲載）

「いのちの授業」（いのちの本展 ブックトーク）　実施後配布のミニ本（例）

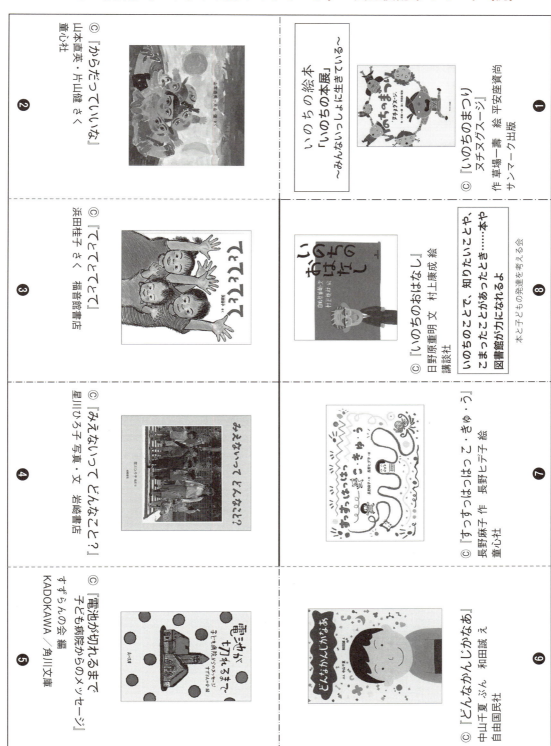

①　Ⓒ『いのちのまつり ヌチヌグスージ』
作 草場一壽　絵 平安座資尚
サンマーク出版

②　Ⓒ『からだって いいな』
山本直英・片山健 さく
童心社

③　Ⓒ『こころこころ』
浜田桂子 さく　福音館書店

④　Ⓒ『みえないって どんなこと？』
星川ひろ子 写真・文　岩崎書店

⑤　Ⓒ『どんなかんじかなあ』
中山千夏 ぶん　和田誠 え
自由国民社

⑥　Ⓒ『電池が切れるまで
子ども病院からのメッセージ』
すずらんの会 編
KADOKAWA／角川文庫

⑦　Ⓒ『ずっと ずっと はっこ・きゅう』
長野麻子 作　長野ヒデ子 絵
童心社

⑧　Ⓒ『いのちのおはなし』
日野原重明 文　村上康成 絵
講談社

いのちのこと、知りたいことや、
こまったことがあったとき……本や
図書館が力になれるよ

本と子どもの発達を考える会

いのちの絵本
「いのちの本展」
～みんないっしょに生きている～

── 山折り　------ 谷折り　── キリトリ線

いのちの絵本

わたしたちは いろいろな人といっしょに生きています
いのちはひとりにひとつ。かけがえのない「いのち」のことを考えてみよう

いのちはどこにあるの？

『いのちのおはなし』
日野原重明 文　村上康成 絵
講談社

いのちって心臓？ 頭？ 身体ぜんぶ？ 目に見えない「いのち」のことを、日野原先生が教えてくれるよ。

① ノンフィクション絵本、見開き１画面
② ・いのちへの理解をうながす
　 ・いのちの大切さを考えるきっかけに
※ 著者による「小学校４年生へのいのちの授業」に基づくノンフィクション。４年生以上におすすめ。

おすすめの読み方

(1) 黒板に長い線をひいていく場面が数ページあるが、ここがテーマとなるので、聞き手に絵をゆっくりと見せる。０～100歳が示された線の上に、４年生の10歳と著書の95歳を示す矢印が書かれているので、この線への興味をうながす。

(2) 「いのちはどこにあると思いますか？」と問う著者への子どもたちのこたえはいろいろ。心臓の役割などを説明したページを読み、テーマの「いのちは、きみたちのもっている時間だといえますよ」の場面を読む。長い線で表されたものが自分のいのちの時間であることへの理解をうながす。

ポイント

★ ふだん自分や他者のいのちについて考える機会の少ない子どもたちに「いのちは、どこにあると思いますか。」との問いをなげかけてみてください。

★ 心臓は「いのちをうごかすためのモーター」であり、「いのち」は「これから生きていく時間」であるという著者のメッセージを伝えましょう。

★ いつも最後に、あとがきにある著書の－「いのち」と「こころ」－という文を紹介しています。自分の時間をだれかのために使おうとすることの大切さについて書かれています。「何ができるかな？」といっしょに考えてみるのもいいですね。

★ 私たちは、いのちの授業でこの本を紹介しています。ブックトークに使用するのもよいでしょう。

きもち

『ないた』
中川ひろたか 作
長新太 絵　金の星社

「ころんで ないた。」「くやしくて ないた。」「どうして ぼくは なくんだろう。」大人はなかないの？ いろんな"なく"、いろんな"涙"を感じ、「なく」ことについて考えてみよう。

あなたのまわりの いろいろなひと

『どんなかんじかなあ』
中山千夏 ぶん　和田誠 え
自由国民社

「みえないって どんなかんじかなあ」と、ひろくんは、じっと目をつぶってみています。みんないっしょに生きていくということは、相手を知ろうとすることからはじまるのですね。

びょうきの こどもたち

『電池が 切れるまで』
宮本雅史 作
みやこしゆきな 絵
KADOKAWA／角川つばさ文庫

重い病気で長期入院をしている子どもたちが、院内学級で書いたたくさんの詩。「命が疲れたと言うまで、せいいっぱい生きよう」自分のいのちと真摯に向き合う姿に心を動かされます。

『となりのしげちゃん』
写真・文　星川ひろ子
小学館

ある日、あらたちゃんちの隣にひっこしてきたしげちゃんはダウン症。ほかの子とちょっとちがうみたい。ゆっくり成長していくしげちゃんと、それを見守るあらたちゃんの交流が胸をうちます。

たいせつな ひとりひとりの いのち

『いのちのまつり 「ヌチヌグスージ」』
作 草葉一壽　絵 平安座資尚
サンマーク出版

「ぼうやにいのちをくれた人は誰ね〜？」と、島のオバアにたずねられたコウちゃん。「ぼくにいのちをくれたひと、2人」「お父さんとお母さんにいのちをくれた人、4人」……。ご先祖さまって何人いるんだろう？ ご先祖さまを数えながら画面が4倍、8倍にひろがり、数えきれないご先祖さまが描かれるしかけが圧巻。いのちのつながり、大切さを実感でき、いのちへの感謝がわいてきます。

『からだっていいな』
山本直英・片山健 さく
童心社（品切れ重版未定）

「からだがあると いろいろできる たべたりわらったり」。朝、目覚めてから、夜、眠りにつくまで、身体があるから感じるさまざまな気持ち。「いたい かゆい きもちがいい…… からだがあるから わかるんだ からだっていいな」。いのちや性に関する教育に長年尽力された作者が贈る「からだ賛歌」。片山健さんによる躍動感あふれる絵とともに、生きるよろこびをダイレクトに伝えてくれます。

〈いのち〉の本棚

きもち

『わらう』
浜田桂子／福音館書店

わらわない決心をしたけんちゃんが気づいたこと。「わらうって」うれしい気持ちを伝える、元気だよって知らせる、だいじなことなんだ！

『おこる』
中川ひろたか 作／長谷川義史 絵／金の星社 ☆

ぼくは毎日おこられる。ぼくだっておこる。「なんで ひとは おこるんだろう」。「おこる」を考えると、いろんなことが見えてくる。

『ぼちぼちいこか』
マイク・セイラー さく／ロバート・グロスマン え／いまえよしとも やく／偕成社

重量級のかばくんは、いろんな仕事に挑戦しては失敗のくり返し。関西弁の明るさと、ユーモラスでめげない姿に勇気づけられます。

たいせつなひとりひとりのいのち

『きみはきみだ』
斉藤道雄 文・写真／子どもの未来社

すべての日課を手話で学ぶ学校の写真絵本。ろう児たちが自分らしく成長していく姿と「みんなちがう、きみはきみだ」のメッセージが力強い。

『ほね・ホネ・がいこつ！』
文 中川ひろたか／絵 スズキコージ／保育社

「ぼくの ほねって がいこつだったんだ。」骨のはたらきをわかりやすく、ゆかいに学べる一冊。自分の身体への興味がふくらみます。

『からだのなかで
ドゥン ドゥン ドゥン』
木坂涼 ぶん／あべ弘士 え／福音館書店

耳をあてて きいてごらん。速さも音もちがうけど、ひとも、いぬも、ねこも、みんないのちの音がする。いのちのぬくもりを感じる一冊。

びょうきのこどもたち

『チャーリー・ブラウン なぜなんだい？
ともだちがおもい病気になったとき』
チャールズ・M・シュルツ 作・絵／細谷亮太 訳／岩崎書店

白血病で入院した子と、そのまわりの子の微妙な心理状態をていねいに描いた一冊。病気への正しい理解の大切さに気づきます。

『わたしの病院、犬がくるの』
写真・文 大塚敦子／岩崎書店

長期入院している子どもたちが、セラピー犬とのふれあいによって、いのちを輝かせる姿を追ったドキュメンタリー写真絵本。

『わたしは いま とても しあわせです 難病のともだちからあなたへ』
大住力 編／相野谷由起 絵／ポプラ社

病気になったから感じることができた家族への感謝の気持ちが手紙のようにつづられます。

あなたのまわりのいろいろなひと

『ぼくたちのコンニャク先生』
写真・文 星川ひろ子／小学館

保育園を手伝うことになった脳性小児まひの近藤さん。日々の交流の中で元気になり、子どもたちとの信頼関係を築きます。

『アイちゃんのいる教室』（全3巻）
ぶん・しゃしん 高倉正樹／偕成社

ダウン症のアイちゃんとクラスの仲間を追ったドキュメンタリー写真絵本。1冊目で1年生だったみんなは3冊目で6年生、卒業を迎えます。

『みえないって どんなこと？』
星川ひろ子 写真・文／岩崎書店

全盲のめぐみさんとアイマスクをして、友だちを探したり、指でさわって確かめたりする子どもたち。体感しながら学ぶ姿を描いた写真絵本。

いろんなひとがいて、それぞれにかけがえのないいのちがある……。たくさんのいのちの絵本にふれることで、子どもたちが「いろんな人とともに生きていること」に気づき、自ら感じ、考えるきっかけになることを願います。

『ぼくは海くんちのテーブル』
西原敬治 ぶん／福田岩緒 え／新日本出版社

テーブルが話す海くんちのお話。ある日、海くんが事故にあい、元気で賑やかな毎日が一変します。家族のきずなやいのちの尊さを描きます。

『かっくん どうして ボクだけ しかくいの？』
クリスチャン・メルベイユ 文／ジョス・ゴフィン 絵／乙武洋匡 訳／講談社

まんまる家族に生まれた、しかくい「かっくん」。かたちは違っても、それぞれが認めあって生きていくことの大切さを教えてくれます。

『アスペルガーの心』（全3巻）
フワリ 作・絵／偕成社

アスペルガー症候群の人の特性や、まわりの人たちへのメッセージを、本人告知を受けた少女が、自分のことばと絵で伝えます。

『算数の天才なのに
計算ができない男の子のはなし』
バーバラ・エシャム 文／品川裕香 訳／マイク＆カール・ゴードン 絵／岩崎書店

周囲の人びとの気づきと支えで『算数障害（LDの一種）』を才能に変えたマックスの苦悩から希望を見出すまでをていねいに描きます。

先入観でものを見がちな大人にくらべ、子どもたちは、どんないのちも自然に受けいれる柔軟な心をもっています。子どもたちの知りたい気持ちにこたえる絵本がたくさんあります。

〈点字つき さわる絵本〉の本棚

試作の段階で盲学校の生徒さんに試してもらうと、両手を使い分岐点のところを指で押さえて数分で解いてしまうのをみて驚き、安心して難しい迷路も入れたそうです。デザインの美しさもこの絵本の魅力のひとつです。

『さわるめいろ』(小学館)
『こぐまちゃんとどうぶつえん』(こぐま社)
『ノンタンじどうしゃぶっぶー』(偕成社)
3社同時に刊行されました。

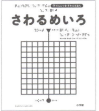

『てんじつき さわるえほん さわるめいろ』
小学館
「いのちの本展」の展示で一番人気。見える子も見えない子もいっしょに遊べて、大人も子どもも楽しめる究極のバリアフリー絵本です。

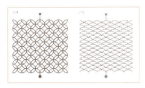

編集の方によると原文にはない場面の色についての文を、左上に点字で入れているとのこと。色をイメージすることにより絵本の世界が広がるように願っているのだそうです。

『てんじつき さわるえほん じゃあじゃあ びりびり』
まついのりこ／偕成社
赤ちゃん絵本が登場！ だれもがさわって読むという新しいジャンルの絵本として、みんなでおしゃべりをしながら楽しみましょう。

ほかにも、人気の絵本が点字になっています。

『ぐり と ぐら』
なかがわえりこ と やまわきゆりこ／福音館書店

『ぞうくんのさんぽ』
なかのひろたか さく・え／なかのまさたか レタリング／福音館書店

『しろくまちゃんのほっとけーき』
わかやま けん／こぐま社

『きかんしゃトーマス なかまがいっぱい』
『ドラえもんあそびがいっぱい』
ともに小学館

『あらしのよるに』
きむらゆういち 文／あべ弘士 絵／講談社

『点字つきさわる絵本 はらぺこあおむし』
エリック・カール さく／もりひさし やく／偕成社
この絵本は、描かれているものと質感の似た素材の物や紙を貼り付けてあります。28cm × 36cm の大型で、インドで手作りされたもの。

重症心身障害のお子さんの読み聞かせにも大変よろこばれます。ひとつひとつさわって感触を確かめている子どもの顔は、本当にうれしそう。「いのちの本展」でも大人気のさわる絵本です。

『てんじつき さわるえほん さわってたのしむ どうぶつずかん』
BL出版
さまざまな動物の写真の上に、その特徴を連想させる素材が貼り付けてあります。表紙のシマウマはさわると毛皮の暖かい感じが伝わります！

さまざまな 読書支援

絵　カード・視覚シンボル

ことばを耳で聞いただけでは理解することが苦手な子に、イラストや写真で、視覚的に行動の意味を伝えることができ、幼い子にもわかりやすいのが特徴です。また、複数のカードを組み合わせることにより、行動の手順や予定を最初に示しておくことで、先の見通しをもって、準備、活動ができるので、落ちついて生活がおくれるようになります。絵カードにことばを添えると、物の名前や行動とことばが次第にむすびつくようになり、語彙が増え、ことばの発達にもつながります。市販品も多数あります。また、無料・有料でダウンロードできるサイトやアプリもあります。

手あそびやおはなしを語るとき、絵カードを使って、視覚情報を加えるのもよいでしょう。

 きゅうしょく
 はみがき
 といれ
 おひるね

Droplet Project より　ドロップレット・プロジェクト
http://www.droplet.ddo.jp

や　さしくて読みやすい本　LLブック

スウェーデンからはじまったLLブックは、知的障害や、読むことが困難なディスレクシア、また、日本語を母語としない人を対象に、簡単な言葉や絵記号（ピクトグラム）、写真を使ってやさしく読めるようにつくられた本です。埼玉福祉会刊行の『アサガオをそだてよう』、『セミが生まれるよ』などは、低学年のまだ文字が十分読めない子どもも楽しめる内容です。新しくはじまった『仕事に行ってきます』のシリーズは、さまざまな障害をもった人の働きぶりをていねいに追った力作です。こんな本がたくさんふえたら、日本へ働きに来る外国人の方にも役に立つだろうなあと思います。

LLブック作成サイトもあります。
Heartfulbook ハートフルブック http://www.heartfulbook.jp

LLブック やさしく よみやすい本 シリーズ　埼玉福祉会

 わたし　 じてんしゃ　 いく　 あそぶ

出典：野口武悟 編著
『一人ひとりの読書を支える学校図書館 特別支援教育から見えてくるニーズとサポート』
読書工房　2010年

布　のえほん

『Skill book』コンセル

布地にフェルト・ひも・スナップ、ファスナーなどを用い、はずす、ほどく、むすぶなどの作業学習をおこなうことができる絵本。本来はさまざまな障害をもつ子どもたちのためにつくられたものですが、どの子も楽しみながら学ぶことができ有用です。北海道のフキノトウ文庫や、東京布の絵本連絡会のすずらん文庫などが、貸し出しや制作をおこなっています。

そのほかにも、読書の楽しみを伝える支援方法がたくさんあります。(p.92 語彙説明 参照)

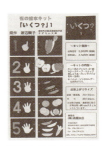

東京布の絵本連絡会
渡辺 順子氏 監修
布の絵本キット
取り扱い：フェルト手芸の店 もりお！
http://www.morio-hobby.com

いのちの絵本から
小・中学校「いのちの授業より」

いのちの本展を 2013 年に始めて以来、多くの学校で貸出の希望をいただいてきました。学校の図書館ではあまりみられない内容の絵本に、展示場所では多くの子が足を止め、ページをめくって見てくれる姿があります。一人で、友だちと一緒に、休み時間に、下校時にと読み方はさまざまです。

私たちはいのちに関する絵本や書籍約 160 冊を 4 つのテーマから選びました。「きもち」「たいせつなひとりひとりのいのち」「びょうきのこどもたち」「あなたのまわりのいろいろなひと」、そして別枠の「先生向けの本（職員室展示用）」です。絵本には、いのちやからだのこと、重い病気で長期入院している子ども、障害のため体の自由がきかない子どもや日々の暮らしのなかで障害ゆえの困り感をもつ子どもなどがでてきます。ふだんあまり接することのない、自分とはようすのちがう子どもたちを絵本で知り、なにかを感じてくれるのではないでしょうか。

いのちの本展にともなう「いのちの授業」は、4 つのテーマより年齢に応じて選んだ 10 冊ほどの絵本で構成しています。生徒たちは笑ったり、ときにはしんみりしたり真剣になったりと、初めて接する内容をいっしょうけんめいに聞いてくれます。先生方も絵本で学べることが多くあることに関心をしめしてくれます。ある学校の校長先生が 4 年生の授業を参観されたあと、その場で 5 年生、6 年生にもぜひ絵本を紹介してほしいと言われ、2 つの「いのちの授業」がすぐに決まったのはうれしいこととして記憶に残っています。

知らないがゆえの無関心や無理解は、病気や障害で困難をかかえる人たちの助けにはなりません。私たち大人が伝え、ともに考えることで子どもたちの心の目が開かれていくのだと思います。そして伝えることばがみつからないときはいっしょに絵本を読むとよいのです。

おしまいにどの学年にも喜ばれる絵本『てとてとてとて』(p.75参照)を紹介します。日々いろいろな働きをしてくれる私たちの手。ときには道具になったりもする。そしてだれかの手をにぎるとき、力が伝わっていく。「てはこころがでたりはいったりするところなのかもしれない」。

手を取り合うことでそれぞれにあった生き方ができ、みんなが幸せになれる、そんな社会になることを願っています。

（谷口和恵）

「しあわせならてをたたこう」
特別支援学校 重度・重複・病虚弱 障害児学級ほかで

わたしたちが関わっているどの現場でも、大人気のポップアップ絵本をご紹介します。誰もが知っているこの歌に合わせて、動物が動作をするのですが、その動きが愛らしく笑いを誘います。こども病院のプレイルームでは、途中から付き添いのママや保育士がいっしょに歌ってくれますし、個室のベッドに寝たきりの子どももみんなニッコリ。うれしそうに声をあげて動物たちにさわりたがります。寝ていてもよく見えるというのはポップアップのよさでしょう。

はじめは、矢印のつまみをひっぱるとネコがパチパチと手をたたきます。重度重複障害児学級でこの絵本を読んだときは、担任の先生が、目の焦点が合うようにしっかり抱き上げて生徒さんの体を支えていてくれました。読み手も一か所だけではなく、何か所かに分かれて生徒がよく見えるような配慮をしました。「ほら、〇〇ちゃんの大好きな犬が出てきたよ。しっぽをふってる。わたしたちもいっしょにやってみようか？」と生徒と楽しそうにお尻をふってみせる先生たち。見ているわたしたちに、熱いものがこみ上げてきました。あちこちで笑顔の花がさくと、おはなし会はぐっとやりやすくなります。「なんだかおもしろいことをやる人たちがきた！」と体が開いて、おはなしを聞く体制ができるのです。

絵本は、なんといっても現代の子どもたちにとっては地味な存在です。ほかの電子メディアのように、光ったり、音が出たり、動いたりしません。しかし、ポップアップ絵本のアナログな動きは、充分子どもをひきつけます。しかもそこには、子どもに寄り添っていっしょに楽しい時間を共有している大人の存在があります。親がスマホやタブレットを持っているのは当たり前のこの時代、ついつい便利だということで子どもに電子メディアを与えがちですが、子どもがいまなにに興味を持っているかを知り、絵本を読んで、いっしょにおもしろがったり、不思議がったりしてみませんか？ちょっと幸せな時間を持てること請け合いです。

（越高令子）

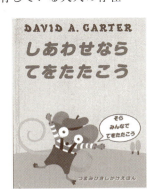

『つまみひきしかけえほん
しあわせなら てをたたこう』
DAVID. A. CARTER
大日本絵画

本と子どもの発達を考える会
執筆メンバー自己紹介

（2021年4月現在）

谷口和恵 ［会長］

いろいろな場所で昔話や絵本を届けて三十数年。いつの時代も子どもたちはおはなしが大好きです。そして少しの工夫や配慮をすることで病気や障害をもつ方たちとも楽しい世界を共有することができます。20年以上通っている大人の障害者施設で『つきよのかいじゅう』（長新太 佼成出版社）を読んだとき、普段あまり反応のない人が笑い出したのにびっくり！ おはなしの力を感じたうれしい瞬間でした。
（絵本専門士・SDGs認定エデュケーター
・第14期JPIC読書アドバイザー〔JPIC読みきかせサポーター講習会 講師〕）

伊藤深雪 ［副会長］

いまの世の中、寂しい子どもや大人たちがいっぱいだと感じます。「こちょこちょ＆ぎゅー」でみんなを元気にしたいと、2017年に子育て支援『こちょこちょの会松本』を立ち上げ、2021年からは『ねっこだっこ』として活動を続け、絵本やわらべうたを通して子育ての楽しさを伝えています。語り手でもあり、赤ちゃんからお年寄りまでおはなしをとどける日々。なにをするにも身体が資本。趣味は筋トレです！
（保育心理士・第26期JPIC読書アドバイザー・児童センター登録職員）

豊嶋さおり ［事務局長］

二十数年前、ある絵本美術館の図書室で娘と甥・姪に絵本を読んであげていたとき、自然にまわりの子どもたちが集まってきて、それがとてもしあわせな光景だったのを憶えています。そのことがきっかけで本と子どもをつなげる人になりたいと思いました。いまでは、公共図書館、こども園、文庫、特別支援学校ほか、乳幼児から高齢者まで、年150日以上、本と笑顔をとどけています。およそ20年続けているこども病院での活動が私の原点です。
（絵本専門士・第15期JPIC読書アドバイザー〔JPIC読みきかせサポーター講習会 講師〕
・松本短期大学幼児保育学科 非常勤講師・児童センター登録職員）

増本加代

看護師として在宅の方の自立支援などをしています。そのかたわら、語りの会で大好きなおはなしを届け、子ども劇場では子どもたちと劇を観たり遊んだりと充実した日々を過ごしています。これからも工夫し丁寧に読むこと、おはなし会の環境を整えることを大切にし、絵本の魅力を伝えていきます。優しいあたたかな言葉が、すべての子どもたちの生きる力になればと願っています。
（看護師）

馬場安紀子

おはなし歴十数年。元来、子どもはちょっぴり苦手。当初は本を読むときも、たのしんでくれるかな？　と心配でした。けれども、いまでは「おしまい」と本を閉じたときの子どもたちのキラキラした目や笑い声、小さなため息に力をもらっています。子どもの好奇心に応えられるような「おもしろい」本をとどけていきたいと奮闘しています。
（放課後児童支援員）

古川奈保子

絵本が好き！　がきっかけで松本おはなしの会とこの会に入りました。多様な特性をもつ子どもたちに、工夫しながらおはなしをとどけることに意義を感じています。おはなし会の最初に手回しオルゴールをならすことがありますが、この音色は子どもたちの緊張を解き、おだやかな気持ちにさせてくれるようです。最近この活動がきっかけで、認知症の母がお世話になっている高齢者施設に絵本とオルゴールを携さえて行きはじめました。
（第26期 JPIC 読書アドバイザー）

越高令子 ［顧問（初代会長）］

子どもの本を中心としたお店を開いて40年。県立こども病院のプレイルームや病棟でのおはなし会をコーディネート。「本と子どもの発達を考える会」を設立。さまざまな職種の人とつながりながら活動をひろげる。わたしが、「いいこと思いついた！」というと、まわりが「ドキッ！」「う、ん、ま〜あ……それって誰がやるの？」こんなふうにして、すてきな活動が実行される。この本ができたのも、そのひとつ。「あ、また思いついちゃった……」
（松本市 ちいさいおうち書店 副店長）

わたしたちの活動をサポートしてくれるすてきな仲間たち

こども病院の活動を支えてくれた方たち

歴代の元ボランティアコーディネーター

市瀬明美
初代コーディネーターとして、仕事の基礎をつくり、全国の病院ボランティアと交流するきっかけをつくる。信州木曽看護専門学校の図書館も手伝い、現在は松本市図書館司書。

五味みゆき
コーディネーター、病棟保育士を経て、現在は松本市内の保育園勤務。JPIC読書アドバイザー。

赤沼美奈子
コーディネーターの後、保育心理士の資格をいかし、現在は、病院のよろず相談室の相談員。

久野訓子
病院内「しろくま図書館」設立時からのボランティアから、コーディネーターに。特別支援学級での読み聞かせでも活躍。

こども病院の現職の方たち

福島華子
こども病院現職の看護師長。療育支援部地域連携係長も務める。（当会の理事）

矢口暁子
日本に40人くらいしかいない認定チャイルドライフスペシャリスト。こども病院現職で療育支援部に属し、ボランティアにも細やかに目を配る。

こども病院の元看護師長たち

武井陽子
病院内におはなしボランティアを正式に招き入れてくれた師長さん。現在は、大学看護学科の教壇で後進の育成に努める。

三輪百合子
ボランティアを、さまざまにバックアップしてくれた、看護協会の元会長。

赤堀明子
「越高さん出番だよ！」とこども病院に呼び寄せた張本人。初代ボランティア担当。現在は、重症児デイサービス「雲のポッケ」立ち上げにかかわり、ナーシングディレクター、看護師として奮闘中。

赤羽貞子
ボランティアと病院をつなぐ2代目の看護師長。退職後は、医療相談室の相談員として、患者さんによりそった。

(2019 年 12 月現在)

元教員や保育士で会の活動に参加

森山陽子
こども病院や重症心身障害児の読み聞かせに参加。元保育士。

堀内京子
小学校教員を退職後、聾学校で読み聞かせボランティア。県の図書館活動の指導者として活動中。JPIC 読書アドバイザー。（当会の理事）

矢﨑惠実子
県の学校図書館指導主事を経て、長年、小学校や養護学校の教員を勤める。退職後、諏訪市図書館の副館長に。JPIC 読書アドバイザー。（当会の理事）

笠原律子
こども病院の訪問学級の教員として、読み聞かせに出会い、退職後活動に参加。

会の活動を会計や講演会の運営などで、支えてくれているみなさん

浅沼きく子
朗読（音訳）ボランティアにも参加。（当会の会計補佐）

渡辺薫
こども病院ボランティア。JPIC 読書アドバイザー。

松本美江
こども病院・信州大学病院ボランティア。

上小澤久美子
学校図書館司書。JPIC 読書アドバイザー（当会の会計監査役）

北澤むつみ
児童心理治療施設併設の中学校分校教員。

柴田恵理子
元幼稚園教諭。児童発達支援センター勤務。

伊藤真記
信州大学医学部付属病院「こまくさ図書室」（患者図書室）勤務。

そのほかにも、お名前を書ききれないほどたくさんの方がかかわってくださっています。
あらためて皆さまに、心から感謝申し上げます。

会のあゆみ

松本市では、公共図書館のほか、松本地域子ども文庫・おはなしの会連絡会、また、子どもの本専門店「ちいさいおうち書店」などを通して、読書推進活動に携わる団体や個人の繋がりが育まれてきました。
「本と子どもの発達を考える会」は、読書活動に携わる団体や個人が所属する「長野県立こども病院おはなしボランティア」が立ち上げた会です。

1993 ── 長野県立こども病院 開院　おはなしボランティア受入れ準備開始
コーディネーター「ちいさいおうち書店」越高令子

1996 ── 松本ゾンタクラブが、長野県立こども病院にクラブ設立記念ゾンタ文庫創設、絵本の寄贈
※ 以降、現在まで毎年、松本ゾンタクラブより長野県立こども病院に絵本等が寄贈される

1997 ── こども病院　おはなしボランティア スタート
・ボランティアには個人、および団体が参加
・4つの病棟のプレイルーム、個室での読み聞かせ（毎週金曜）

2008 ── こども病院おはなしボランティア 伊藤忠財団 平成20年度子ども文庫助成を受ける
・おはなしボランティアによる書籍の活用を検討、会の設立準備会発足
・「支援を必要とする子どもたちのための本」約200冊を整備

2010 ── 「本と子どもの発達を考える会」（任意団体）を設立（初代会長：越高令子）
（2019年4月現在 正会員144名 賛助会員20名 計164名）
※ 賛助会員のうち出版社4社、正会員に出版、教育、医療、読書関係者多数
※ 協力社（本の寄贈など）出版社7社

2010 ── 「本と子どもの発達を考える会」事業活動（非営利）を開始
★「支援の必要な子どもたちのための本展」約200冊
※ 会主催展示 ／ 展示のための貸出
※ 伊藤忠財団 H20年度子ども文庫助成1セット（会へ移管 / こども病院常設）
★ 支援の必要な子どもたちへの継続的な読み聞かせの実施と実践報告冊子の作成
※ 小学校特別支援学級、児童発達支援事業所、児童心理治療施設併設の小・中学校分校、特別支援学校など
※ 読み聞かせプログラム報告冊子
平成22・23年度 / 平成24年度 / 平成25年度（赤い羽根共同募金公募配分助成による）
平成26年度 ～ 自主事業として作成、会員ほか関係先に配布

2011 ── 平成23年度 長野県地域発元気づくり支援金を受ける
★「支援の必要な子どもたちのための本展」1セット増設（貸出対応）
※ 実績　年間 数回～10回程度 ／ 2010年～ 現在までの累積 約75回

2011 ── 赤い羽根共同募金 平成22年度（23年度実施分）広域福祉団体等公募助成を受ける
※ 病児・障害児理解のための公開講座、ならびに実践報告冊子作成のための経費
支援の必要な子どもたちへの読み聞かせに使用する本の配備
※ 以降、2012年、2013年にも公募助成を受ける。

2011 ── 東日本大震災 避難者支援　本のクリスマスプレゼント & クリスマスのおはなし会を主催

2011 ── 松本子育てコミュニティサイト「はぐまつ」主催　東日本大震災 避難家族交流会に参加

2012 ── 平成24年度 長野県地域発元気づくり支援金を受ける
※「支援の必要な子どもたちのための本展」新刊書籍の補充、ならびに大型絵本、パネルシアター等の備品の整備

2012	長野県松本養護学校主催 特別支援教育セミナー in 松本 分科会「支援の必要な子どもたちと楽しむ読書」受託
2012	長野県図書館協会公共図書館部会・県立長野図書館主催 障害者サービス研修会 受託
2012	松本市 東日本大震災等避難者交流事業 受託 ※ 松本市図書館、子育て支援センター、公民館にて3回のおはなし会を実施 　松本 子育てコミュニティサイト 避難家族交流会に参加
2013	平成25年度 長野県地域発元気づくり支援金を受ける ★ 学校巡回展「いのちの本展～ みんないっしょに生きている ～」巡回用セットを整備 　　※ 実績 年間4～6校巡回／2013年～ 現在まで のべ36校で展示 ★「いのちの授業（いのち本展 ブックトーク）」※ 有償にて受託 　　※ 実績 年間数校にて実施／2013年～ 現在まで のべ31時間実施
2014	交流研修会 実践報告から「絵本でバリアフリー」 東京 ポプラ社にて開催
2014	全国寄宿舎学習交流研究集会 in 信州、講座「絵本がひらく 心とことば」受託
2014	絵本と読みきかせの情報誌『この本 読んで！』（JPIC） 春号～冬号「発達障害と絵本」に実践情報連載
2014～	信濃毎日新聞連載「虹のブランコ」（越高令子 コラム）※ ちいさいおうち書店 HP に掲載
2014	市民タイムス おもいやり BOX 支援金の寄贈を受ける ※ 以降、2016年、2018年にも寄贈
2015	松本市 人権男女共生課 読み聞かせセミナー（講座）受託 ※ 以降、2018年まで毎年開催
2016	第10回 世田谷区子ども読書活動推進フォーラムにて実践報告 「絵本でバリアフリー ～ わたしたちはこんなふうに絵本を読んでいます～」
2017	松本南ロータリークラブ 社会奉仕功労者表彰
2018	「支援の必要な子どもたちのための本展」松本市 あるぷキッズ支援室へ寄託展示・貸出
2018	あそびクニック 2018 in 安曇野　おはなし ＆ 絵本コーナーに参加

その他の活動

★ 専門家を招いての公開講座（2011年～ のべ10回）（p.90-91 参照）
★ 会主催（会員講師）による公開講座と本展・ワークショップの開催（2011年～ のべ6回）
★ 長野県立こども病院祭への参加（毎年）
　　※ 支援の必要な子どもたちのための本展・ワークショップ
★ 講座・講演会の受託
　　※ 図書館障害者サービス研修会、図書館講座、教職員研修会、市主催の講座 など
★ 子育て支援のための読み聞かせや講座（松本市子育て支援センターとも5年間協働）
★ 各種イベントへの参加
　　※ 市民活動フェスタ、学都松本フォーラム、子育てコミュニティサイト交流会 など

「支援の必要な子どもたちのための本展」
（松本市中央図書館ロビー）

児童心理治療施設 松本あさひ学園
おはなし会 ＆ ワークショップ

公開講座 種村エイ子氏「いのちの絵本」
～ いのちの授業の実践から ～

当会の公開講座にお招きした講師の皆さん（招へい順）

『あなたのクラスの気になるあの子　要配慮児への適切なアプローチ』（すずき出版）

上原 文 さん｜発達障害を考える
　　　　　　～支援者の立場から 私たちにできること～ (2011.9.11)

横浜国立大学大学院教育学研究科修士課程修了。精神保健福祉士。ソーシャルワーカーとして横浜市の療育センター相談室室長を歴任。教諭・保育士に向けて「気になる子」支援のための研修・コンサルテーションを精力的に行っている。著書『ほんとうの家族支援とは』（すずき出版）『気になる子にどう対応すればいい？』『気になる子にはこう対応してみよう』（世界文化社）『気になる子の未来のために』（フレーベル館）ほか多数。

『怠けてなんかない！ ディスレクシア　読む書く記憶するのが困難なLDの子どもたち』（岩崎書店）

品川裕香 さん｜怠けてなんかない！
　　　　　　　読む・書く・記憶するのが困難な子どもたち
　　　　　　　～支援者の立場から 私たちにできること～ (2012.6.9)

早稲田大学法学部卒業。文部科学省中央教育審議会委員。出版社の編集の仕事を12年たずさわった後、2000年に独立。教育ジャーナリストとして、教育・医療・社会問題を異文化理解・予防的観点から多角的に取材執筆、講演と多岐にわたり活動。著書に『怠けてなんかない！』シリーズ（岩崎書店）。訳書に『よめたよリトル先生』『どうしてダブってみえちゃうの？』（岩崎書店）など多数。

『となりのしげちゃん』（小学館）

星川ひろ子 さん｜しょうがいってなあに？ 私と写真絵本
　　　　　　　　(2012.10.27)

写真家・写真絵本作家。いのちをテーマに独創的な写真絵本を手がけるほか、造形的な写真絵本も創作。障害のある長男の子育て経験から、しょうがいってなあにをテーマに、『ぼくたちのコンニャク先生』（日本絵本賞・けんぶち絵本の里賞／小学館）、夫である写真家の治雄さんとの共著も多数ある。ほかに『竹とぼくとおじいちゃん』『しょうたとなっとう』（ポプラ社）など。日本写真文化協会功労賞を受賞。

『いのち 幼児がじっと聞き入る絵本リスト 55＋85』（明治図書）

種村エイ子 さん｜いのちの絵本～いのちの授業の実践から～
　　　　　　　　(2013.10.5)

京都大学文学部卒業。子どもの本かごしま（かごしまアニマシオン倶楽部）代表。元鹿児島国際大学教授。長年司書、司書教諭の養成や子どもの読書活動にたずさわる傍ら、自らのがん体験をもとに「いのちの授業」を全国230校以上の小・中・高校で展開してきた。著書に『知りたがりやのガン患者』（農文協）『「死」を学ぶ子どもたち』（教育史料出版会）『学習権を支える図書館』（南方新社）ほか多数。

『重い障害を持つ赤ちゃんの子育て　陽だまりの病室で2』（メディカ出版）

中村友彦 さん
亀井智泉 さん｜いのちの現場から
　　　　　　　長野県立こども病院　小児・周産期医療のいま (2014.11.8)

（中村さん）信州大学医学部医学科卒業。2018年より長野県立こども病院病院長、日本新生児成育医学会理事長。新生児医療ハイリスク妊娠・出産が専門。論文多数。

（亀井さん）第1子が周産期トラブルで重症心身障害児になり4歳で他界。この体験から当事者同士の励まし合い、支援者と家族の思いを代弁してつなぐ活動を始める。現在は、長野県医療的ケア児等スーパーバイザー。著書に『陽だまりの病室で』（メディカ出版）ほか。

細谷亮太 さん｜いつもこどものかたわらに (2015.11.28)

東北大学医学部卒業。聖路加国際病院小児科勤務を経て、テキサス大学 MD アンダーソン病院がん研究所に勤務後、聖路加国際病院小児科に復職。同病院副院長、小児科部長を歴任。一方、病気の子どもたちのためのキャンプ活動を続ける傍ら、コラムやエッセイを発表。著書に『いつもいいことさがし』（暮らしの手帖社）『今、伝えたいいのちの言葉』（佼成出版社）『いつもこどものかたわらに』（白水社）ほか多数。

『生きようよ　死んじゃいけない人だから』（岩崎書店）

千葉美香 さん｜本の編集をとおして「知ることはだいじ！」を子どもたちに
～支援者の立場から 私たちにできること～ (2016.7.2)

日本女子大学文学部卒業、偕成社で雑誌編集を経て子どもの本の編集に携わる。「知ることはだいじ！」をテーマに子どもたちに届く本作りを目指している。編集を担当した本は『アスペルガーの心』（当事者のフワリちゃんが自らの特徴を前向きに分析、絵と文で見事にその世界を表現した作品）『点字つきさわる絵本』など。ほかに『へんてこもり』シリーズ、『ノンタン』シリーズなど多数。

『アイちゃんのいる教室』（偕成社）

山元加津子 さん｜大好きは魔法のことば (2017.4.15)

富山大学理学部卒業。作家・元特別支援学校教員／白雪姫プロジェクト所属。同僚が植物状態になったのがきっかけで始めた白雪姫プロジェクト「誰もが思いを持っていて、回復する可能性がある」の理念のもと、回復の方法やそれにつながる意思伝達方法、リハビリや介護の方法等の情報を集め実践している。その活動は全国はもとより世界にも発信されている。著書に『1／4の奇跡』（マキノ出版）ほか多数。

『みみずと魔女と青い空　大人になったわたしから小さいころのわたしへ』（公硯舎）

大塚敦子 さん｜ともに生きるために
～本を通して伝えたいこと～ (2018.4.14)

上智大学文学部英文学科卒業。フォトジャーナリスト、ノンフィクション・写真絵本作家。1986 年からパレスチナ民衆蜂起、湾岸戦争などの国際紛争を報道。1992 年以降は、死と向き合う人々の生きざま、自然や動物との絆を活かして人や社会を再生する試みを取材・執筆。著書に『〈刑務所〉で盲導犬を育てる』（岩波ジュニア新書）『ギヴ・ミー・ア・チャンス　犬と少年の再出発』（講談社）ほか多数。

『犬が来る病院　命に向き合う子どもたちが教えてくれたこと』（KADOKAWA）

原 仁 さん｜発達障害の理解と家族支援
～支援的医療とは～ (2019.6.9)

千葉大学医学部卒業。専門は発達障害医学。前日本発達障害学会理事長。国立精神・神経センターで、知的障害の研究をしている時に「発達障害」という言葉に初めて出会い、ＡＤＨＤと学習障害（ＬＤ）の研究に関わった後、当時の文部省研究機関の国立特殊（現特別支援）教育総合研究所に移りＬＤの研究に携わる。子どものより良い育ちのための家族や親の関わり、生活面を支える「支援的な医療」を提唱する。著書に『家族のためのアスペルガー症候群・高機能自閉症がよくわかる本』（池田書店）など多数。

『新版 子どもの発達障害事典』（合同出版）

語彙説明

◆ この本に出てくる言葉の説明

愛着
佐々木正美氏の本によると、「愛着とは子どもから見れば、親から無条件に、充分に、そして永遠に愛されているという実感を基盤にして、乳幼児期から早期幼児期に、母親との関係ではぐくまれるもの」
（参考文献参照：『はじまりは愛着から 人を信じ、自分を信じる子どもに』）

自己肯定感
1994年 高垣忠一郎氏がカウンセリングの経験から提唱した言葉。自分自身のあり方を肯定する気持ちであり、自分のことをすきである気持ち。

誤学習
間違ったことを学習してしまうこと。発達障害の子どもたちが、陥りやすい「学習の状態」で、いつでも、どこでも自分の知っている方法をとってしまうこと。誤学習は修正が必要だが、長年かかって学習してしまった行動は修正が難しい場合もある。

◆ 発達障害についてのいくつかの説明（原仁氏 監修）

ADHD
(Attention-Deficit Hyperactivity Disorder)
注意欠陥・多動性障害または注意欠如・多動症。不注意、多動・衝動性症状によって定義される自己制御力の発達障害。話を聞いていない、ケアレスミスやなくし物が多い、じっとしていられない、いつもおしゃべり、思いつくと行動してしまうなどの症状は誰にでもある状態ともいえるがその程度が極端であると家庭や学校生活に不都合が生じる。

LD
(Learning Disability)
文部科学省のLDの定義によると、知的発達に遅れはないが、聞く、話す、読む、書く、計算する、推論する能力の習得に著しい困難がある状態である。医学の概念である発達性ディスレクシアはLD概念の中核に位置づけられ、直訳の読み困難ではなく、読み書き障害と意訳されることが多い。文字を学び始める学童期にならないと症状が明らかにならない。

ASD
(Autism Spectrum Disorder)
診断名としては自閉スペクトラム症が使用されることになった。従来の自閉症、広汎性発達障害、アスペルガー症候群などの総称としてASDが用いられることもある。対人コミュニケーションの問題と常同性、執着性、興味・関心の偏り、感覚の問題などを併せ持つ発達障害。知的障害を伴う場合も、知的能力に問題なく、むしろ並外れた特異な能力を示す場合も含む広い概念がASDである。育て方の問題ではなく、持って生まれた特性と理解されている。

◆ さまざまな読書支援（p.81に加えて）

拡大図書・大活字図書
弱視や低視力の人でも読めるように、大きなサイズの活字をつかった図書。公共図書館に配備していることも多い。文字を読むことが苦手なディスレクシアの人にも有効。

音訳図書（DAISY）
音訳者が、視覚障害のある利用者のために録音したもの。国際規格DAISY＝デジタル録音図書のこと。配備している公共図書館も多く、図書館に登録しているボランティアが音訳協力している場合もある。

マルチメディアDAISY
音声にテキストおよび画像を同期させることができる。読者は、コンピューターを利用し、文章を読み上げている音声を聞きながら、テキスト部分を目で確認し、同じ画面上で、絵や動画などを見ることができる。現在は、民間の団体でも支援する体制がすすんでいる。詳しくは、（財）伊藤忠記念財団電子図書普及事業部（TEL03-3497-2652）にお問い合わせください。

◆ 障害という表記について

この本の中で、「障害者」をどう表記するかはとても悩みました。「障がい者」または、「障碍者」という表記もあり、受ける印象が違うのではと考えたからです。アメリカでも、最近は handicapped person という言い方ではなく、challenged person などと表現されることもあるそうです。「障害はその人ではなく社会の側にある」という考え方に立ち、今回、この本では、法令や医療機関で慣習的に使われている「障害」を使用しましたが、いずれにしろ、これからも、表記について考え続けなくてはいけないと思っています。

参考文献

◆ **乳幼児期　まず《愛着》を育てる（p.8〜）**

『はじまりは愛着から 人を信じ、自分を信じる子どもに』 佐々木正美 著　福音館書店
『赤ちゃんと絵本であそぼう！０〜３歳　季節のおはなし会プログラム』
　金澤和子 編著　一声社
『「気になる子」のわらべうた』 山下直樹 著　クレヨンハウス
『心と心がつながる わらべうたあそびのレシピ』 久津摩英子 編著　メイト
『小さな手と手 二十歳になった長野県立こども病院』
　信濃毎日新聞社 編著　アーツアンドクラフツ
『今から始める「育てなおし」問われる乳幼児体験』
　角田春高 著　エイデル研究所

◆ **ことばを育てる　いろ・色（p.23）**

『木内かつの絵本あそび』 木内かつ 著　福音館書店

◆ **いのちの授業（p.74）　いのちの絵本（p.76〜）**

『「死」を学ぶ子どもたち 知りたがりやのガン患者が語る「生と死」の授業』
　種村エイ子 著　教育史料出版会
『からだといのちに出会うブックガイド』
　健康情報棚プロジェクト＋からだとこころの発見塾 編　読書工房

◆ **さまざまな読書支援（p.81）**

『一人ひとりの読書を支える学校図書館 特別支援教育から見えてくるニーズとサポート』
　野口武悟 編著　読書工房
『多様性と出会う学校図書館 一人ひとりの自立を支える合理的配慮へのアプローチ』
　野口武悟・成松一郎 編著　読書工房
『ＬＬブックを届ける やさしく読める本を知的障害・自閉症のある読者へ』
　藤澤和子・服部敦司 編著　読書工房
『読みたいのに読めない君へ、届けマルチメディア DAISY』
　牧野綾 編著　日本図書館協会

◆ **そのほか、全般にわたって**

『本と人をつなぐ図書館員 障害のある人、赤ちゃんから高齢者まで』
　山内薫 著　読書工房
『読書ボランティア ― 活動ガイド ―
　どうする？ スキルアップ どうなる？ これからのボランティア』
　広瀬恒子 著　一声社
『生きてごらん、大丈夫 こどもと本と出会いをつむぐ』
　朝日新聞記者 佐々波幸子 著　かもがわ出版
『クシュラの奇跡 140 冊の絵本との日々』
　ドロシー・バトラー 著　百々佑利子 訳　のら書店（普及版あり）
『病気になってもいっぱい遊びたい 小児病棟に新しい風を！ 遊びのボランティア 17 年』
　坂上和子 著　あけび書房
『続・心をつなぐ読み聞かせ絵本 100』 平凡社（品切れ重版未定）
『この本読んで！』 JPIC（一財）出版文化産業振興財団
　（※ 2014 春号〔50 号〕から 2014 冬号〔53 号〕まで「発達障害と絵本」に当会の活動を連載）

あとがき

いまから20年前、越高令子さんに誘われてこども病院のおはなしボランティアを始めました。それまで語りや読み聞かせの経験はありましたが、重篤のお子さんや、治療で痛い思いをしているお子さんを前に肩に力がはいり、月1回のボランティアは心身ともに疲労を覚えるものでした。あるとき知り合いの看護師さんに「子どもたちはおはなしを聞くことが大好き。ほかの子どもたちと同じようにあなたも楽しんでその世界を届けてあげて」と言われ、肩の力がぬける思いがしました。それからは楽しいおはなしの時間をテーマに通っています。ベッドに寝ている子どものよろこぶ顔、それを見てよろこぶ親御さんの顔にはげまされています。

私たちのまわりには障害のあるお子さんや、さまざまな家庭環境で親御さんとはいっしょに暮らすことのできないお子さん、支援を必要としているお子さんが多くいます。長年読み聞かせをしてきた仲間とともに現場に出かけていき、おはなしの楽しさを届ける活動は意味のあることだと考えます。

それと同時に、通常の学級に通うお子さんたちに病児や障害児への理解をうながす活動が大切です。知るきっかけがないと思いを寄せることもできません。絵本の中には私たちおとなも学べる内容が書かれています。私はいのちの授業で『ぼくたちのコンニャク先生』（p.79参照）を紹介しますが、そのあとがきに書かれている著者の星川ひろ子さんのこの文章に背中を押されています。「『あの人、どうしたの?』——障害をもった人に出会った時、幼い子ほど正直に反応します。不思議な顔で見つめて聞いてきます。そんな時一緒にいるおとなはどうするでしょう。たいていは、『さぁ、行きましょう』と、手を引いて興味をそらそうとするのではないでしょうか。不思議なことが、何だったかわからないまま、幼い子の心が塞がれてしまうのです」。

「一人のいのちは地球より重い」とはよく耳にすることばですが、本当にその通りだと思います。価値のないいのちなどありません。いのちの尊厳を大切にし合える私たちでありたいと思います。そして、そのことを子どもたちに伝えていくのはおとなである私たちの仕事です。

これからも仲間とともに、おはなしの楽しさやまわりの人に心を寄せていく大切さを活動を通して伝えていけたらと願っています。

谷口和恵

いろいろな方の笑顔が、いま浮かんでいます。最初に思い浮かんだのは『クシュラの奇跡』の表紙で本を持って笑っている女の子の顔。この本との出会いが、すべての始まりでした！「障害があろうとなかろうと、本はすべての子に効く処方箋である」と話す著者の信念がわたしをこども病院へと向かわせました。そしてそれが、病院でのたくさんの子どもたちの笑顔に繋がっていきました。

支援の必要な子どもたちに、細やかな気配りと愛情で接しているメンバーたちは、絵本を使ったあてっこあそびなどで「できた。わかった！」と感じたときに子どもたちが見せてくれるとびきりの笑顔がなによりうれしいといいます。

活動するなかで、自分たちのわからないことを専門家に直接お聞きしようとお招きした講師の方がたも、すてきな笑顔は共通しています。わたしたちの活動を支えてくれている看護師さんや、ボランティアコーディネーター。学校にお招きしてくださる先生、施設の職員の方がた、図書館関係者。縁の下の力持ちの会計や監査役やその他煩雑な用事をニコニコ顔で引き受けてくれる仲間たち。笑顔ばかり思い浮かびます。

「支援の必要な子どもたちにも、読書の楽しさを」という講座で、わたしたちの実際の活動をお伝えする機会も多くなりました。わたしたちの思いはただひとつ、「困ったことがあったら、本が手助けしてくれるよ」ということです。読み聞かせが子どもたちの心をひらき、言葉を豊かにしてくれると信じて、悩みながら、でも楽しく活動を続けています。わたしたちの思いが、この本から少しでも伝わることを願っています。そして、困難を抱えた子どもの周りにいる大人たちが、みずから進んで子どもと本の仲立ちをしてくれますように！

最後に、温かい挿絵をたくさん描いてくれた鶴田陽子さんとデザイナーの土屋みづほさん、すてきな絵で表紙を飾ってくれたさいとうしのぶさん、最後まで伴走してくれた編集者天野みかさん、本づくりにおいては、すべてに気をくばってくれた当会事務局長の豊嶋さおりさんに心からの感謝を。

越高令子

《著者略歴》

本と子どもの発達を考える会

長野県松本市の「子どもの本専門店 ちいさいおうち書店」の声がけによって集まったメンバーで、1997年にオープンした県初のこども病院にて、入院している子どもたちへの病棟でのおはなしの会を始める。2010年にそれまでの体験をもとに、さらに広く学びの場を持とうと考え、「本と子どもの発達を考える会」を設立。病院での活動に加え、さまざまな特別支援の場での継続的な読み聞かせ活動などを、チームを組んでおこなっている。また、各地にて講演や講座も多い。決めていることは、「子どもたちにとってつらいことは一切しない、本を通してただ楽しいことをする存在になろう」。

《special thanks》

長野県立こども病院
松本市社会福祉協議会 児童発達支援事業所 しいのみ学園
児童心理治療施設　　 長野県松本あさひ学園
　　　　　　　　　　 松本市立女鳥羽中学校あさひ分校
　　　　　　　　　　 松本市立岡田小学校あさひ分校
社会福祉法人アルプス 認定こども園ふたご
松本市社会福祉協議会 田川児童センター・つどいの広場
松本市社会福祉協議会 なんぶすくすく

カバーイラスト・タイトル文字　さいとうしのぶ
本文イラスト　鶴田陽子
装丁・本文デザイン　土屋みづほ

読み聞かせで発達支援
絵本でひらく
　　心とことば

2019年12月20日　初版第1刷発行
2021年 4月 7日　　　第4刷発行

著　者　本と子どもの発達を考える会
発行者　竹村正治
発行所　株式会社 かもがわ出版

　　　　〒602-8119　京都市上京区堀川通出水西入
　　　　TEL 075-432-2868　FAX 075-432-2869
　　　　振替　01010-5-12436
　　　　http://www.kamogawa.co.jp

印刷所　シナノ書籍印刷株式会社
ISBN978-4-7803-1056-6　C0037　Printed in Japan
© hon to kodomo no hattatsu wo kangaeru kai 2019